Karl Friedrich Hermann

Lehrbuch der griechischen Antiquitaten

Karl Friedrich Hermann

Lehrbuch der griechischen Antiquitaten

ISBN/EAN: 9783743473140

Hergestellt in Europa, USA, Kanada, Australien, Japan

Cover: Foto ©Thomas Meinert / pixelio.de

Weitere Bücher finden Sie auf **www.hansebooks.com**

die Geldbusse, die ohnehin auch für ähnliche Angriffe auf das
männliche Geschlecht vorkommt[23]), bezog sich auch hier wohl
auf den Privatweg, wo sie dann selbst nur den allgemeinen
Rechtsgrundsatz bestätigt, der jede Gewalt, auch gegen frem-
des Eigenthum, zugleich als öffentliches Vergehen bestrafte.[24])

1) Freilich ist von derartiger Gesetzgebung aus andern Staaten sehr
wenig bekannt; eine schwache Spur von Schutz gegen Verbalinjurien
gibt Stob. Serm. XLIV. 21 aus Zaleukus : μηδείς δὲ λεγέτω κακώς, μήτε
κοινῇ τὴν πόλιν, μήτε ἰδίᾳ τὸν πολίτην, ἀλλ' οἱ τῶν νόμων φύλακες
ἐπιμελείσθων τῶν πλημμελούντων πρῶτον μὲν νουθετοῦντες, ἐὰν δὲ μὴ
πείθωνται ζημιοῦντες. [Gesetze gegen ὕβρις s. Télfy, C. J. A. n. 1157
—1168 mit Comment. p. 581 ff. Grundsatz: πᾶσα ὕβρις δημόσιόν ἐστιν
ἀδίκημα Argum. in Demosth. Mid. p. 513.]

2) Ath. VI. 92. p. 267: Ἀθηναῖοι δὴ καὶ τῆς τῶν δούλων προνοοῦν-
τες τύχης ἐνομοθέτησαν καὶ ὑπὲρ δούλων γραφάς ὕβρεως εἶναι· Ὑπε-
ρίδης γοῦν ὁ ῥήτωρ ἐν τῷ κατὰ Μαντιθέου αἰκίας φησίν· ἔθεσαν οὐ
μόνον ὑπὲρ τῶν ἐλευθέρων, ἀλλὰ καὶ ἐάν τις εἰς δοῦλον σῶμα ὑβρίσῃ,
γραφὰς εἶναι κατὰ τοῦ ὑβρίσαντος· τὰ ὅμοια εἴρηκε καὶ Λυκοῦργος
ἐν τῷ κατὰ Λυκόφρονος πρώτῳ καὶ Δημοσθένης ἐν τῷ κατὰ Μειδίου:
rgl. Dem. Mid. §. 48 und Diodor. I. 77.

3) Xenoph. Rep. Ath. I. 10: οὐ δ' ἕνεκέν ἐστι τοῦτό ἐπιχώριον,
ἐγὼ φράσω· εἰ νόμος ἦν τὸν δοῦλον ὑπὸ τοῦ ἐλευθέρου τύπτεσθαι ἢ
τὸν μέτοικον ἢ τὸν ἀπελεύθερον, πολλάκις ἂν οἰηθείς εἶναι τὸν Ἀθη-
ναῖον δοῦλον ἐπάταξεν ἄν· ἐσθῆτά τε γὰρ οὐδὲν βελτίω ἔχει ὁ δῆμος
αὐτόθι ἢ οἱ δοῦλοι καὶ οἱ μέτοικοι καὶ τὰ εἴδη οὐδὲν βελτίους εἰσίν.

4) Aeschin. c. Timarch. §. 17: οὐ γὰρ ὑπὲρ τῶν οἰκετῶν ἐσπούδα-
κεν ὁ νομοθέτης, ἀλλὰ βουλόμενος ὑμᾶς ἐθίσαι πολὺ ἀπέχειν τῆς τῶν
ἐλευθέρων ὕβρεως προσέγραψε μηδ' εἰς τοὺς δούλους ὑβρίζειν: vgl. Dem.
Mid. §. 46: οὐ γὰρ ὅστις ὁ πάσχων ᾤετο δεῖν σκοπεῖν, ἀλλὰ τὸ πρᾶγμα
ὁποῖόν τι τὸ γιγνόμενον, ἐπειδὴ δὲ εὕρεν οὐκ ἐπιτήδειον, μήτε πρὸς
δοῦλον μηθ' ὅλως ἐξεῖναι πράττειν ἐπέταξεν. [Vgl. St. A. 114, 7, Hermann zu Becker, Charikles III. S. 30 ff. und Büchsenschütz, Besitz und
Erwerb S. 152. Note 1.]

5) Demosth. Mid. §. 47: ἐὰν δὲ ἀργυρίου·τιμηθῇ τῆς ὕβρεως, δε-
δέσθω, ἐὰν ἐλεύθερον ὑβρίσῃ, μέχρι ἂν ἐκτίσῃ. Bei Todtschlag war [frei-
lich „nach den alten Gesetzgebern", sichtlich nach Drakon, die kleinen
und grossen Diebstahl gleich bestraften], selbst die Strafe völlig gleich,
Lycurg. c. Leocr, §. 65.

6) Wie Meier, att. Proc. S. 321 fg. wollte; s. dagegen Becker Char.
a. a. O. S. 44 fg. und m. Symb. ad doctr. jur. Att. de injur. actionibus,
Gott. 1847. 4. p. 18 fg.

7) Daher die Gegensätze von ὕβρις und εὐνομίη, Odyss. XVII. 487,
δίκη, Hesiod. ἔργ. κ. ἡ. 215, σωφροσύνη, Xenoph. Cyrop. VIII. 4. 14 daher
ἀθεότης καὶ ὕβρις καὶ ἀδικία verbunden Plato Polit. p. 809, vgl.
Wachsmuth I, S. 343 und Lehrs in Abhh. d. deutschen Gesellschaft zu
Königsberg IV, S. 163 fg., [sowie Nägelsbach, nachhom. Theol. Abschn.
6, 2. S. 321 ff.]; insbes. aber Aristot. Rhetor. II. 2. 5: καὶ ὁ ὑβρίζων δ'
ὀλιγωρεῖ· ἐστὶ γὰρ ὕβρις τὸ πράττειν καὶ λέγειν, ἐφ' οἷς αἰσχύνη ἐστὶ τῷ
πάσχοντι, μὴ ἵνα τι γ'γνηται αὐτῷ ἄλλο ἢ ὅτι ἐγένετο, ἀλλ' ὅπως ἡσθῇ
οἱ γὰρ ἀντιποιοῦντες οὐχ ὑβρίζουσιν ἀλλὰ τιμωροῦνται· . . . αἴτιον δὲ
τῆς ἡδονῆς τοῖς ὑβρίζουσιν, ὅτι οἴονται κακῶς δρῶντες αὐτοὺς ὑπερέχειν μᾶλλον, διὸ οἱ νέοι καὶ οἱ πλούσιοι ὑβρισταί· ὑπερέχειν γὰρ οἴονται
ὑβρίζοντες· ὕβρεως δὲ ἀτιμία ὁ δ' ἀτιμάζων ὀλιγωρεῖ· τὸ γὰρ μηδενὸς
ἄξιον οὐδεμίαν ἔχει τιμὴν οὔτ' ἀγαθοῦ οὔτε κακοῦ.

8) Argum. Demosth. Mid. p. 513: λέγεται γὰρ ὕβρις ἡ δι' αἰσχρουργίας
καὶ ἡ διὰ λόγων καὶ ἡ διὰ πληγῶν: vgl. Bekk. Anecdd. p. 355: ὕβρις
δὲ καὶ ἄνευ πληγῶν μετὰ προπηλακισμοῦ καὶ ἐπιβολῆς· (oder ἐπηρείας,
wie Etymol. M. p. 774?)

9) Schol. Demosth. Mid. §. 46: ὕβρις μὲν γὰρ καὶ ἡ τῶν πληγῶν,
ὕβρις δὲ καὶ ἡ αἰσχρὰ συνουσία: vgl. Herald Animadvers. p. 122 fgg.
397 fg. und Platner, Process II, S. 193 fg.

10) Aeschin. c. Timarch. §. 17: ὅλως δὲ ἐν δημοκρατίᾳ τὸν εἰς ὁτιοῦν
ὑβριστὴν τοῦτον οὐκ ἐπιτήδειον εἶναι ἡγήσατο συμπολιτεύεσθαι: vgl
Soph. Oed. Tyr. 875: ὕβρις φυτεύει τύραννον, und Schol. Demosth. Mid.
§. 1: διὸ δὴ καὶ εἶπεν, ὅτι πάντας ὑβρίζει, τὸ τῶν τυράννων ἴδιον αὐτοῦ κατηγορῶν. ['Ὑβριστοδίκαι nach Krateros, des Sammlers der ψηφίσ-
ματα Ausdruck οἱ μὴ βουλόμενοι τὰς δίκας εἰσαγαγεῖν, häufig in Sici-
lien Poll. VIII. 122, also solche, die die Einleitung des Processes ver-
hindern.]

11) Vgl. Salmasius Observ. ad jus Att p. 262 fg. und m. not. 6 citirte Abh. p. 5 fg., sowie das Note 1 angeführte angebliche Gesetz des
Zaleukus.

12) Ἀπόρρητα, vgl. Lysias adv. Theomn. I, §. 2 und Isocr. adv. Lochit. §. 3: ὥστε καὶ περὶ τῆς κακηγορίας νόμον ἔθεσαν, ὃς κελεύει τοὺς
λέγοντάς τι τῶν ἀπορρήτων πεντακοσίας δραχμὰς ὀφείλειν, mit Taylor
lect. Lysiac. p. 340.

13) Demosth. Aristocr. §. 50: ἄν τις κακῶς ἀγορεύῃ, τὰ ψευδῆ
προσέθηκεν (ὁ νόμος) ὡς εἰ γε τἀληθῆ προσῆκον: vgl. Dio Chr. XV. 8:
κακηγορίας δίδωσιν ὁ νόμος γράψασθαι τοῦτον, ὃς ἂν βλασφημῇ τινα
οὐκ ἔχων ἀποδεῖξαι περὶ ὧν λέγει σαφὲς οὐδέν.

14) Plut. V. Solon. c. 21: ζῶντα δὲ κακῶς λέγειν ἐκώλυσε πρὸς ἱε-
ροῖς καὶ δικαστηρίοις καὶ ἀρχείοις καὶ θεωρίας οὔσης ἀγώνων, ἢ τρεῖς
δραχμὰς τῷ ἰδιώτῃ, δύο δ' ἄλλας ἀποτίνειν εἰς τὸ δημόσιον ἔταξε: vgl.
Lysias pro milite §. 6: ἀπαγγείλαντός τινος ὡς ἐγὼ λοιδοροῖμι, τοῦ νό-

μου ἀπαγορεύοντος, ἐάν τις ἀρχὴν ἐν συνεδρίῳ λοιδορῇ, παρὰ τὸν νόμον ζημιῶσαι ἠξίωσαν ἐπιβαλόντες κ. τ. λ.

15) Demosth. Mid. §. 32: ἂν μὲν τοίνυν ἰδιώτην ὄντα τινὰ αὐτῶν ὑβρίσῃ τις ἢ κακῶς εἴπῃ, γραφὴν ὕβρεως καὶ δίκην κακηγορίας ἰδίαν φεύξεται, ἐὰν δὲ Θεσμοθέτην, ἄτιμος ἔσται καθάπαξ ... καὶ οὐ μόνον περὶ τούτων οὕτως ἔχει, ἀλλὰ καὶ περὶ πάντων, οἷς ἂν ἡ πόλις τινὰ ἄδειαν ἢ στεφανηφορίαν ἤ τινα τιμὴν δῷ. [Aristot. Problem. XXIX. 14: ἐὰν μέν τις ἄρχοντα κακῶς εἴπῃ, μεγάλα τὰ ἐπιτίμια, ἐὰν δέ τις ἰδιώτην, οὐδέν.] 16) Plut. V. Solon. c. 21: ἐπαινεῖται δὲ τοῦ Σόλωνος καὶ ὁ κωλύων νόμος τὸν τεθνηκότα κακῶς ἀγορεύειν: vgl. Demosth. adv. Leptin. §. 104, adv. Boeot. de dote §. 49, und Lex. rhetor. Dobr. p. 671: ἐάν τις κακῶς εἴπῃ τινὰ τῶν κατοιχομένων, καὶ (κἂν;) ὑπὸ τῶν ἐκείνου παίδων ἀκούσῃ κακῶς, πεντακοσίας καταδικασθεὶς ὦφειλε τῷ δημοσίῳ, τριάκοντα δὲ τῷ ἰδιώτῃ· Ὑπερείδης δὲ ἐν τῷ κατὰ Δωροθέου χιλίας μὲν ζημιοῦσθαι τοὺς κατοιχομένους φησί, πεντακοσίας δὲ τοὺς ζῶντας. 17) Harpocr. p. 11: αἰκίας εἶδος δίκης ἐστὶν ἰδιωτικῆς ἐπὶ πληγαῖς λαγχανομένης, ἧς ... ὁ μὲν κατήγορος τίμημα ἐπιγράφεται, ὁπόσου δοκεῖ ἄξιον εἶναι τὸ ἀδίκημα, οἱ δὲ δικασταὶ, ἐπικρίνουσι: vgl. Salmas. Observ. p. 224 fg. und Meier, Proc. S. 547 fg.

18) Demosth. Mid. §. 28: ὅτι καὶ δίκας ἰδίας δίδωσιν ὁ νόμος ἐμοὶ καὶ γραφὴν ὕβρεως ... εἰ δ᾽ ἐγὼ τὴν ἐπὶ τῶν ἰδίων δικῶν πλεονεξίαν ἀφεὶς τῇ πόλει παραχωρῶ τῆς τιμωρίας .... χάριν οὐ βλάβην δήπου τοῦτ᾽ ἂν εἰκότως ἐνέγκοι μοι παρ᾽ ὑμῶν: vgl. adv. Con. §. 1 und Poll. VIII. 42: τῆς μὲν ὕβρεως τὸ τίμημα οὐκ ἦν τοῦ παθόντος, ἀλλὰ δημόσιον.

19) Plut. V. Solon. c. 18: ἔτι μέντοι μᾶλλον οἰόμενος δεῖν ἐπαρκεῖν τῇ τῶν πολλῶν ἀσθενείᾳ παντὶ λαβεῖν δίκην ὑπὲρ τοῦ κακῶς πεπονθότος ἔδωκε· καὶ γὰρ πληγέντος ἑτέρου καὶ βλαβέντος καὶ βιασθέντος ἐξῆν τῷ δυναμένῳ καὶ βουλομένῳ γράφεσθαι τὸν ἀδικοῦντα καὶ διώκειν: vgl. Isocr. adv. Lochit. §. 2: περὶ δὲ τῆς ὕβρεως, ὡς κοινοῦ τοῦ πράγματος ὄντος, ἔξεστι τῷ βουλομένῳ τῶν πολιτῶν γραψαμένῳ πρὸς τοὺς θεσμοθέτας εἰσελθεῖν εἰς ὑμᾶς.

20) Lysias bei Etymol. M. p. 774: καίτοι τίς οὐκ οἶδεν ὑμῶν, ὅτι ἡ μὲν αἰκία χρημάτων ἐστὶ μόνον τιμῆσαι, τοὺς δὲ ὑβρίζειν δόξαντας ἔξεστιν ὑμῖν θανάτῳ ζημιοῦν; 21) Plut. V. Solon. c. 23: ὅλως δὲ πλείστην ἀτοπίαν ἔχειν οἱ περὶ τῶν γυναικῶν νόμοι τῷ Σόλωνι δοκοῦσι· μοιχὸν μὲν γὰρ ἀνελεῖν τῷ λαβόντι ἔδωκεν, ἐὰν δ᾽ ἁρπάσῃ τις ἐλευθέραν γυναῖκα καὶ βιάσηται, ζημίαν ἑκατὸν δραχμὰς ἔταξε, κἂν προαγωγεύῃ, εἴκοσι, πλὴν ὅσαι πεφασμένως πωλοῦνται, λέγων δὴ τὰς ἑταίρας κ. τ. λ. [Die ἁρπαγή als älteste, in Sparta noch immer gebräuchliche Form der Eheschliessung kommt dabei in Betracht, also die Voraussetzung nicht sowohl der ὕβρις als des ἔρως, so ist ἁρπαγμαῖος ὁ δι᾽ ἔρωτα ἢ δι᾽ ἄλλην τινὰ πρόφασιν ἁρπασθείς in Bekker Anecdd. gr. p. 5; vgl. obeu §. 29, not. 12.]

22) Demosth. Aristocr. §. 55: *ἐπὶ δάμαρτι ἢ ἐπὶ μητρὶ ἢ ἐπὶ ἀδελφῇ ἢ ἐπὶ θυγατρὶ, ἢ ἐπὶ παλλακῇ. ἥν ἂν ἐπ' ἐλευθέροις παισὶν ἔχῃ, τὸν ἐπὶ τούτων τῳ κτείναντα ἄθῷον ποιεῖ:* vgl. Plat. Legg. IX. p. 874 : *ἐὰν ἐλευθέραν γυναῖκα βιάζηταί τις ἢ παῖδα περὶ τὰ ἀφροδίσια, νηποινὶ τεθνάτω ὑπό τε τοῦ ὑβρισθέντος βίᾳ καὶ ὑπὸ πατρὸς ἢ ἀδελφῶν ἢ υἱέων· ἐάν τε ἀνὴρ ἐπιτύχῃ γαμετῇ γυναικὶ βιαζομένῃ, κτείνας τὸν βιαζόμενον ἔστω καθαρὸς ἐν τῷ νόμῳ* nebst dem Bruchstücke des solonischen Gesetzes bei Lucian. Eunuch. c. 10 und mehr oben §. 29, not. 3.

23) Lysias de caedo Eratosth. §. 32: *ὅτι κελεύει, ἐάν τις ἄνθρωπον ἐλεύθερον ἢ παῖδα αἰσχύνῃ βίᾳ, διπλῆν τὴν βλάβην ὀφείλειν, ἐὰν δὲ γυναῖκα, ἐφ' αἷσπερ ἀποκτείνειν ἔξεστιν, ἐν τοῖς αὐτοῖς ἐνέχεσθαι,* mit dem Zusatze: *οὕτως, ὦ ἄνδρες, τοὺς βιαζομένους ἐλάττονος ζημίας ἀξίους ἡγήσατο εἶναι ἢ τοὺς πείθοντας· τῶν μὲν γὰρ θάνατον κατέγνω, τοῖς δὲ διπλῆν ἐποίησε τὴν βλάβην, ἡγούμενος τοὺς μὲν διαπραττομένους βίᾳ ὑπὸ τῶν βιασθέντων μισεῖσθαι, τοὺς δὲ πείσαντας οὕτως αὐτῶν τὰς ψυχὰς διαφθείρειν, ὥστ' οἰκειοτέρας αὐτοῖς ποιεῖν τὰς ἀλλοτρίας γυναῖκας ἢ τοῖς ἀνδράσι, καὶ πᾶσαν ἐπ' ἐκείνοις τὴν οἰκίαν γεγονέναι, καὶ τοὺς παῖδας ἀδήλους εἶναι ὁποτέρων τυγχάνουσιν ὄντες· ἀνθ' ὧν ὁ τὸν νόμον τιθεὶς θάνατον αὐτοῖς ἐποίησε τὴν ζημίαν,* woraus übrigens zugleich erhellt, dass auch bei dems. adv. Agorat. §. 66: *καὶ ἐλήφθη μοιχὸς καὶ τούτου θάνατος ἡ ζημία ἐστίν,* nur auf das augenblickliche Tödtungsrecht geht, das bei gerichtlicher Behandlung nach adv. Neaeram §. 66 wegfiel; vgl. Meier, att. Proc. S. 330 und über das Verhältniss der Stelle des Lysias zu der plutarchischen not. 21 meine not. 5 citirte Abh. p. 25 fg.

24) Demosth. Mid. §. 42: *καὶ θεωρεῖθ' ὅσῳ μείζονος ὀργῆς καὶ ζημίας ἀξιοῦσι τοὺς ἑκουσίως καὶ δι' ὕβριν πλημμελοῦντας . . . ἂν μὲν ἑκὼν βλάψῃ, διπλοῦν, ἂν δ' ἄκων, ἁπλοῦν τὸ βλάβος κελεύουσιν ἐκτίνειν . . . ἂν δὲ μικροῦ πάνυ τιμήματος ἄξιόν τις λάβῃ, βίᾳ δὲ τοῦτο ἀφέληται, τὸ ἴσον τῷ δημοσίῳ προστιμᾶν . . . ὅτι πάνθ' ὅσα τις βιαζόμενος πράττει, κοινὰ ἀδικήματα καὶ κατὰ τῶν ἔξω τοῦ πράγματος ὄντων ἡγεῖτο ὁ νομοθέτης:* vgl. Herald. Anim. p. 334—356 und Meier Proc. S. 476 fg. 544 fg. Allerdings macht der Schol. Plat. Republ. V, p. 465 oder das Lex. Rhetor. Dobr. p. 665 wieder zwischen βιαίων und βίας δίκη einen Unterschied, bemerkt aber dabei zugleich, dass derselbe für das praktische Recht ganz irrelevant sei.

§. 62.

Von diesen Vergehen, die als Missbrauch der Freiheit und Mangel an Herrschaft über sich selbst betrachtet wurden, schied übrigens das griechische Recht auf's Schärfste diejenigen, welche aus gemeiner Habsucht und Verworfenheit entsprungen unter

dem Namen *κακουργία* zusammengefasst [1]) und demgemäss
nicht nur mit den härtesten Capitalstrafen bedroht, sondern
auch in den meisten Fällen ohne langes richterliches Verfahren
der vollziehenden Behörde zu behandeln überlassen wurden. [2])
Charakteristisch ist für sie im Gegensatze mit der offenen Gewalt der *ὕβρις* die Heimlichkeit der Nacht, mit der sie gröss-
tentheils ihr Werk im Dunkel der Nacht oder sonst im Ver-
borgenen betreiben [3]), eben dadurch aber ihr Unrecht gleichsam selbst eingestehen, und folglich nur an's Licht gezogen
zu werden brauchen, um sofort Gegenstand der Strafe zu werden, die in der Regel bereits gesetzlich bestimmt war. [4]) Namentlich gehört dahin der Diebstahl in allen seinen Formen,
der um seiner unlauteren Quelle willen nach Umständen selbst
härter als offene Gewalt bestraft werden zu müssen schien [5]);
und wenn gleich auch hier in gewöhnlichen Fällen dem Betheiligten die Wahl zwischen dem Privatwege und öffentlicher
Verfolgung freigelassen war [6]), so blieben doch noch zahlreiche
Besonderheiten übrig, die vorzugsweise die öffentliche Ahndung
herauszufordern galten [7]): Einbruch [8]), Plünderung von Tempeln [9]) und Gräbern [10]), Entwendung aus Bädern und sonstigen
öffentlichen Orten [11]), Menschenraub, selbst gegen Sclaven [12]),
Wegelagerung [13]) und nächtlicher Ueberfall auf der Strasse [14]),
Taschendieberei [15]) und ähnliche Angriffe auf Personen und
Eigenthum, die ihrer Natur nach gemeiniglich auf frischer
That [16]) entdeckt und der gesetzlichen Strafe unterzogen zu
werden pflegten. Auch betrügerische Gaukelei scheint zu dieser Classe von Vergehen gerechnet worden zu sein [17]); während dagegen Giftmischerei [18]) und Brandstiftung wieder unter
eine dritte fallen [19]), deren Grund zunächst in Hass oder Zorn
gesucht worden zu sein scheint, und die desshalb insbesondere
auch alle Arten von Mord oder Todtschlag und absichtlichen
Verwundungen begriff. [20]) Nur wurden diese nach attischer
und gewiss auch sonstiger griechischer Vorstellung zugleich
aus dem religiösen Gesichtspunkte einer Verunreinigung betrachtet, von welcher das Land zu befreien gottesdienstliche
Pflicht sei. [21]) Wenn ihre Behandlung daher auf der einen
Seite mit grossen Förmlichkeiten und Vorsichtsmaassregeln

verknüpft war, um auch den Schuldigen nicht ohne volle Ueber-
zeugung zu verurtheilen [22]), so fielen derselben anderseits auch
nicht bloss unvorsätzliche Thäter, die wenigstens auf eine Zeit
lang das Land meiden mussten [23]), sondern selbst unzurech-
nungsfähige und leblose Gegenstände, durch welche der Tod
eines Menschen veranlasst worden war, anheim. [24]) Auch der
Selbstmord konnte aus dem doppelten Gesichtspunkte der Verunreinigung und Eigenmacht nicht ungeahndet bleiben [25]), wogegen die Beispiele einzelner Staaten, welche dem gerechtfertigten Lebensüberdrusse eine freiwillige Abkürzung seiner Tage
gestatten [26]), nichts beweisen; anderwärts wurde derselbe vielmehr wie in Athen [27]) mit Abhauen der rechten Hand, oder
doch mit dem Verluste der gebräuchlichen Todtenehren bestraft. [28]) Gleichwie endlich bei den vorhergehenden Classen
von Verbrechen auch die Hehlerei dem Schicksale der Mit-
schuld nicht entging [29]), so unterlag bei der zuletzt erwähnten
auch die intellectuelle Urheberschaft [30]) der gleichen Strafe
mit der That selbst [31]), wobei nur zu bemerken ist, dass der
nämliche Ausdruck βούλευσις auch in weiterer Bedeutung und
namentlich für widerrechtliche Beeinträchtigung in Confiscation-
sachen vorkommt. [32])

1) Aristot. Politic. IV. 9. 4: γίγνονται γὰρ οἱ μὲν ὑβρισταὶ καὶ με-
γαλοπόνηροι μᾶλλον, οἱ δὲ κακοῦργοι καὶ μικροπόνηροι λίαν· τῶν δ᾿
ἀδικημάτων τὰ μὲν γίγνεται δι᾿ ὕβριν, τὰ δὲ διὰ κακουργίαν· vgl. Rhetor. II. 16: καὶ ἀδικήματα ἀδικοῦσιν οὐ κακουργικά, ἀλλὰ τὰ μὲν ὑβρι-
στικά, τὰ δὲ ἀκρατευτικά, οἷον εἰς αἰκίαν καὶ μοιχείαν: auch Plat. Republ. IV, p. 422 A, VIII, p. 552 D, mit Herald. Anim. p. 261 fg. und
Lelyveld de infamia p. 64 [sowie Télfy, C. J. A. n. 1147—1156 mit Comment. p. 569 ff.]

2) Vgl. die athenischen Eilfmänner bei Bekk. Anecd. p. 250 oder
Poll. VIII. 102: ἐπεμελοῦντο δὲ τῶν ἐν τῷ δεσμωτηρίῳ καὶ ἀπῆγον
κλέπτας, ἀνδραποδιστάς, λωποδύτας· εἰ μὲν ὁμολογοῖεν, θανατώσοντες,
εἰ δὲ μή, εἰσάξοντες εἰς τὰ δικαστήρια, κἂν ἅλωσιν, ἀποκτινοῦντες, mit
Meier, bon. damnat. p. 42 oder att. Proc. S. 74 fg. 228 fg. 356 fg. und
was sonst St. A. §. 137 und 139 hierher Gehöriges angeführt ist, [sowie
Perrot, Droit public. p. 270 ff., Télfy, C. J. A. n. 596—598. 625—626.
1062.]

3) Daher der Redner adv. Theocrin. §. 65: καὶ τοὺς μὲν ἄλλους,
ὅσοι κακουργοῦντες βλάπτουσί τι τοὺς ἐντυγχάνοντας, τοῖς μὲν τῶν οἰ-

και φυλακήν καταστήσαντας σώζειν έστι, τους δ' ένδον μένοντας της νυκ
τος μηδέν παθείν κ. τ. λ.

4) Demosth. Timocr. §. 113: τῷ δ' άλόντι ών αἱ απαγωγαί είσιν,
ούκ εγγυητάς καταστήσαντι έκτισιν είναι τών κλεμμάτων, αλλά θάνατον την ζημίαν: vgl. Xenoph. M. Socr. 1, 2. 62 und für Lacedaemon
Thuc I. 134: ές τόν Καιάδαν, ούπερ τους κακούργους εμβάλλειν ειώθεσαν.

5) Aristot. Probl. XXIX. 16: διά τί επί μέν κλοπῇ θάνατος ἡ ζημία, επί δέ ύβρει, μείζονι ούσῃ αδικίᾳ, τίμησις τί χρή παθείν ἢ απο-
τίσαι; ἢ διότι τό μέν ύβρίζειν ανθρώπινόν εστι πάθος καί πάντες πλίον
ἢ έλαττον αυτοῦ μετέχουσι, τό δέ κλέπτειν ού τών αναγκαίων; καί ότι
ὁ κλέπτειν επιχειρών καί ὑβρίζειν ἂν προέλοιτο: vgl. Xenoph. Oecon.
XIV. 5.

6) Demosth. adv. Androt. §. 26: πολλαί ὁδοί διά τών νόμων επί
τούς ήδικηκότας· οἷον της κλοπης· έρρωσαι καί σαυτῷ πιστεύεις; άπαγε,
εν χιλίαις δ' ὁ κίνδυνος· ασθενέστερος εἶ; τοῖς άρχουσιν εφηγοῦ, τούτο
ποιήσουσιν εκείνοι· φοβεῖ καί τοῦτο; γράφου· καταμέμφῃ σαυτόν καί
πένης ών ούκ ἂν έχοις χιλίας εκτίσαι; δικάζου κλοπης πρός διαιτητήν
καί ού κινδυνεύσεις.

7) Plat. Republ. 1, p. 344 B: καί γάρ ίερόσυλοι καί ανδραποδισταί
καί τοιχωρύχοι καί αποστερηταί καί κλέπται οἱ κατά μέρη αδικούντες
τών τοιούτων κακουργημάτων καλούνται: vgl. IX, p. 575 B, Poll. VI.
150 und Platner, Process II, S. 167 fg.

8) Τοιχωρυχείν, Aristoph. Plut. 165, Ath. VI. 12 p. 228 u. s. w.

9) Ίεροσυλείν, G. A. §. 10, not. 14, freilich ein weiter und schwan-
kender Begriff, Syrian. ad Hermog. T. IV, p. 497 Walz: οἷον ὁ φεύγων
ίεροσυλίας γραφήν ερεί, ὡς ίερόσυλός εστιν ὁ φιάλας εξ ίερών αφαιρού-
μενος, ὁ στεφάνους, ὁ θυμιατήρια, καί ὅσα τοιαύτα ειδικώς ονομάζων,
ὁ δέ διώκων ερεῖ, ὡς ίεροσυλός εστιν ὁ λάθρα παριών εις ίερά, ὁ γνώμῃ
κακουργῷ χραίνων τόν νεών, ὁ λαμβάνων εξ ίερών ἄπερ ούκ απέθετο,
ὁ της πίστεως τό θείον αποστερών: doch gehört er jedenfalls auch hierher; vgl. Plat. Legg. IX, p. 854 D und Arg. Demosth. Aristog. I, p. 767.
[So gehörte das Abschlagen eines heiligen Baumes z. B. unter diese
Verbrechen, in Athen richtete der Areopag über die, welche heilige
Olivenbäume gefällt, Lys. κ. τοῦ σηκοῦ Or. VII. §. 2. 22.]

10) Τυμβωρυχείν, s. Sext. Emp. adv. Math. VII. 45, Paus. I. 35. 5.
Charit. Aphrod. I. 9, und mehr bei Davis. ad Cic. Tuscul. I. 12, [sowie
die gegen Räuber der Gräber gerichteten Inschriften. z. B. Böckh C. J.
III. n. 4288. 4291. 4300. 4303. 4321.]

11) Aristot. Problem. XXIX. 14: διά τί ποτε, εάν μέν τις εκ βα-
λανείου κλέψῃ ἢ εκ παλαίστρας ἢ εξ αγοράς ἢ τών τοιούτων τινός, θανάτῳ ζημιούται, εάν δέ τις εξ οικίας, διπλούν της αξίας τοῦ κλέμματος
αποτίνει; vgl. Demosth. adv. Timocr. §. 114: καί εί τις γ' εκ Λυκείου
ἢ εξ Ακαδημίας ἢ εκ Κυνοσάργους ίμάτιον ἢ ληκύθιον ἢ άλλο τι φαυλότατον ἢ τών σκευών τι τών εκ τών γυμνασίων ὑφέλοιτο ἢ εκ τών

λιμένων ὑπὲρ δέκα δραχμὰς καὶ τούτοις θάνατον εἶναι τὴν ζημίαν mit der Note v. Taylor und Diog. L. VI. 52: *ἰδὼν μειρακύλλιον ἱματιοκλέπτην ἐν βαλανείῳ*: auch Plaut. Rud. II. 3. 52 u. s. w (Marktdiebe schimpflich bestraft Poll. X. 77: τῷ κύφωνι τὸν αἰχένα ἐνθέντα δεῖ μαστιγοῦσθαι τὸν περὶ τὴν ἀγοράν κακουργοῦντα. Ausdrücklich auch der Diebstahl im Hafen darunter begriffen Aristot. Probl. XXIX. 14: τὸν αὐτὸν δὲ τρόπον καὶ τῷ ἐν τῷ λιμένι κλέπτοντι οὐ μόνον τὸν ἰδιώτην βλάπτειν ἀλλὰ καὶ τὴν πόλιν αἰσχύνειν.]

12) Bekk. Anecdd. p. 219: ἀνδραποδιστῆς ὁ τοὺς δούλους ἀπὸ τῶν δεσποτῶν ἀποσπῶν εἰς ἑαυτὸν ἢ ὁ τοὺς ἐλευθέρους εἰς δουλείαν ἀπάγων: vgl. Lykurg. bei Harpocr. p. 25: θαυμάζω δ' εἰ τοὺς ἀνδραποδιστὰς τῶν οἰκετῶν ἡμᾶς ἀποστεροῦντας μόνον θανάτῳ ζημιοῦμεν, und im Allgem. Isocr. π. ἀνδιδ. §. 90, Demosth. Philipp. 1, §. 47 u. s. w.

13) *Λῃστεία*, mit dem vorhergehenden verbunden bei Plat. Legg. VII, p. 823: μηδ' αὖ ἄγρας ἀνθρώπων κατὰ θάλατταν λῃστείας τε ἱμερος ἐπελθὼν ὑμῖν θηρευτὰς ὠμοὺς καὶ ἀνόμους ἀποτελοῖ: vgl. VIII, p. 831 und über Seeräuber insbes. Lucian. Navig. c. 14: ἄπαγε πρὸς τὸν στρατηγὸν ὥς τινα πειρατὴν ἢ καταποντιστήν [mit Büchsenschütz, Besitz und Erwerb S. 619–520.]

14) Demosth. adv. Conon. §. 37: τοίχους τοίνυν διορύττοντες καὶ παίοντες τοὺς ἀπαντῶντας, insbes. um Mäntel zu rauben, λωποδυτεῖν, [Aristoph. Av. 496, Thesmoph. 817], vgl. Ath. VI. 12. p. 228: ἢ λωποδυτεῖν τὰς νύκτας ἢ τοιχωρυχεῖν, [auch Alexis Ath. l. c.: τῆς νυκτὸς οὗτος τοὺς ἀπαντῶντας ποιεῖ γυμνοὺς ἅπαντας] und Plat. Legg. IX, p. 874 mit d. Erkl. zu Hesych. II, p. 515, wo es freilich mehr auf die obigen Bäderdiebe (not. 11) bezogen ist; über die Strafe aber Lysias adv. Agorat. §. 68: Φιλιππίδης ἐνθάδε λωποδύτην ἀπήγαγε, καὶ ὑμεῖς κρίναντες αὐτὸν ἐν τῷ δικαστηρίῳ καὶ καταγνόντες αὐτοῦ θάνατον ἀποτυμπανίσαι παρέδοτε. [Auch aus Gräbern, daher ὁ τὰ τῶν νεκρῶν ἱμάτια κλέπτων Bekker Anecdd. gr. 276.]

15) *Βαλαντιοτομεῖν*, Sext. Emp. adv. Math. II. 12; vgl. Aristoph. Ran. 772; Xenoph. Apol. Socr. c. 25, Plat. Gorg. p. 508 E, mit Ast, p. 388 und mehr bei Lobeck ad Phrynich. p. 226 und 657.

16) Aeschin. c. Timarch. §. 91: οἱ μὲν ἐπ' αὐτοφώρῳ ἁλόντες, ἐὰν μὲν ὁμολογῶσι, παραχρῆμα θανάτῳ ζημιοῦνται: vgl. Demosth. c. Stephan. I, §. 81 und adv. Timocr. §. 65: τῶν κακουργούντων τοὺς ὁμολογοῦντας ἄνευ κρίσεως κολάζειν κελεύουσιν οἱ νόμοι.

17) Plat. Meno p. 80 B: εἰ γὰρ ξένος ἐν ἄλλῃ πόλει τοιαῦτα ποιοῖς. τάχ' ἂν ὡς γόης ἀπαχθείης: vgl. Aeschin. c. Ctesiph. §. 207 und G. A. §. 42, not. 5. Dieselbe konnte freilich nach Umständen auch als Religionsverbrechen behandelt werden, wie die Quacksalberei der Theoris bei Demosth. Aristog. I. §. 79; vgl. Harpocr. p 147 u. Lobeck Agl. p. 665 f.

18) *Φαρμακεία*, allerdings doppelsinnig, Plat. Legg. XI, p. 932 E: διτταὶ γὰρ δὴ φαρμακεῖαι κατὰ τὸ τῶν ἀνθρώπων οὖσαι γένος ἐπίσχουσι τὴν

διάρρησιν· ἦν μὲν γὰρ τὰ νῦν διαρρήδην εἴπομεν, σώμασι σώματα κα-
κουργοῦσά ἐστι κατὰ φύσιν, ἄλλη δὲ ἡ μαγγανείαις τέ τισι καὶ ἐπῳδαῖς
καὶ καταδέσεσι πείθει κ. τ. λ., aber ebendesshalb hier nicht mit Fällen
der vorigen Note zu verwechseln; vgl. Antipho's Rede de noverca und
ein Beispiel von Lossprechung wegen mangelndem *dolus* bei Aristot. M.
Mor. I. 17.

19) Wenigstens verbindet diese das attische Gesetz in der Gerichts-
barkeit des Areopags, Demosth. Aristocr. §. 21: γέγραπται γὰρ ἐν τῷ
νόμῳ, τὴν βουλὴν δικάζειν φόνου καὶ τραύματος ἐκ προνοίας· καὶ πυρ-
καϊᾶς καὶ φαρμάκων, ἐάν τις ἀποκτείνῃ δούς.

20) Daher die Dreitheilung des Hippodamus bei Aristot. Polit. II.
5: περὶ ὧν γὰρ αἱ δίκαι γίνονται, τρία ταῦτ' εἶναι τὸν ἀριθμὸν, ὕβριν,
βλάβην, θάνατον: vgl. Antipho de Herod. §. 9: πρῶτον μὲν γὰρ κακοῦρ-
γος ἐνδεδειγμένος φόνου δίκην φεύγω, ὃ οὐδεὶς πώποτ' ἔπαθε ἐν τῇ γῇ
ταύτῃ κ. τ. λ.

21) Vgl. St. A. §. 101. 105 u. m. Abb. de vestigiis instit. vet. per
Plat. Legg. indagandis, Marb. 1836. 4., p. 49 fg. nebst den neueren Erkl.
des Demosth. adv. Aristocr. §. 22 fg., namentlich d. Spec. inaug. von J.
D. de Riemer, L. B. 1833. 8., p. 18 fg. u. die Ausgabe von E. W. Weber, Jena 1845. 8.

22) In Sparta richtete die Gerusia τὰς τοῦ θανάτου δίκας πλείοσιν
ἡμέραις, ὅτι περὶ θανάτου τοῖς διαμαρτάνουσιν οὐκ ἔστι μεταβουλεύ-
σασθαι, Plut. Apophth. Lacc. p. 217 B; und Aehnliches liesse sich nach
Plat. Apol. Socr. p. 37 A vielleicht auch noch von andern Orten voraussetzen; ob freilich von dem athenischen Areopage, wird nach eben dieser Stelle unsicher, so sehr auch diesem sonst gerade Unfehlbarkeit nach-
gerühmt wird, s. Bergman ad Isocr. Areop. c. 14 §. 37.

23) Schol. Eurip. Hippol. 35: ἔθος γὰρ τοῖς ἐφ' αἵματι φεύγουσιν
ἐνιαυτὸν ποιεῖν ἐκτὸς τῆς πατρίδος: Tzetzes ad Lycophr. 1039: νόμος
ἦν τὸν ἐργασάμενον φόνον φεύγειν ὅλον ἐνιαυτὸν, μὴ ψαύοντα τῆς πατρίδος: Hesych. I, p. 437: ἀπενιαυτισμὸς ἡ εἰς ἐνιαυτὸν φυγὴ τοῖς φόνον δράσασι. Nur in Attika hing die Rückkehr lediglich von den Ange-
gehörigen des Getödteten ab; [Demosth. in Aristocr. 71 f. p. 943: τί
οὖν ὁ νόμος κελεύει; τὸν ἁλόντα ἐπ' ἀκουσίῳ φόνῳ ἔν τισιν εἰρημένοις
χρόνοις ἀπελθεῖν τακτὴν ὁδὸν καὶ φεύγειν, ἕως αἰδέσηταί τινα τῶν ἐν
γένει τοῦ πεπονθότος· τηνικαῦτα δ' ἥκειν δέδωκεν ἔστιν ὃν τρόπον, οὐχ
ὃν ἂν τύχῃ, ἀλλὰ καὶ θῦσαι καὶ καθαρθῆναι καὶ ἄλλ' ἄττα διείρηκεν
ἃ χρὴ ποιῆσαι, ὀρθῶς — πάντα ταῦτα λέγων ὁ νόμος.] Müller zu
Aeschyl. Eum. S. 128.

24) Ἀψύχων δίκαι. Poll. VIII. 90. 120: περὶ τῶν ἀψύχων τῶν ἐμ-
πεσόντων καὶ ἀποκτεινάντων, Harpocr. s. v. ἐπὶ Πρυτανείῳ: — δικάζει
δὲ ἄν τι τῶν ἀψύχων ἐμπεσὸν ἀποκτείνῃ τινά, τοῦτο δ' ἐστὶ ἐὰν λίθος
ἢ ξύλον ἢ σίδηρος ἤ τι τοιοῦτον καὶ τὸν μὲν βαλόντα ἀγνοῇ, αὐτὸ δὲ

εἰδῇ καὶ ἔχῃ τὸ τὸν φόνον εἰργασμένον; vgl. Aeschin. c. Ctesiph. §. 244,
Paus. I. 28. 11, VI. 11. 2, Schol. Aeschyl. Sept. 180.

25) Aristot. Eth. Nic. V. 11: ὁ δὲ δι' ὀργὴν ἑαυτὸν σφάττων ἑκὼν
τοῦτο δρᾷ παρὰ τὸν ὀρθὸν νόμον, ὃ οὐκ ἐᾷ ὁ νόμος ... διὸ καὶ ἡ πόλις ζημιοῖ καί τις ἀτιμία πρόσεστι τῷ ἑαυτὸν διαφθείραντι, ὡς τὴν πόλιν ἀδικοῦντι: vgl. meine Beurtheilung der beiden Abhh. v. M. M. von
Baumhauer περὶ εὐλόγου ἐξαγωγῆς, Utrecht 1842, und de morte volun-
taria, das. 1843. 8., in G. G. A. 1843, S. 1367 fg. 1844, S. 1769 fg. und
Lasaulx in Abhh. d. Bayr. Akad. 1847, Philol. Cl. V, S. 125.

26) Vgl. die massaliotische Sitte bei Val. Max. II. 6. 7: *venenum
cicuta temperatum in ea civitate publice custoditur, quod datur ei, qui
causas Sexcentis — id enim Senatus ejus nomen est — exhibuit, propter
quas mors sit illi expetenda;* und Aehnliches das. aus Ceos, worüber mehr
bei Bröndsted, Reisen I, S. 97 und Welcker, kl. Schr. II, S. 502. Dass
aber auch in Athen ein ähnliches Recht bestanden habe, durfte Meursius Themis Att. 1. 19 aus den Declamationen des Libanius T. IV,
p. 137 fgg. nicht schliessen; vgl. Wessel. ad Petiti L. Att. p. 627 und
Lelyveld de infamia p. 193.

27) Aeschin. c. Ctesiph. §. 244: ἐάν τις ἑαυτὸν διαχρήσηται, τὴν
χεῖρα τὴν τοῦτο πράξασαν χωρὶς τοῦ σώματος θάπτομεν: vgl. Joseph.
B. Judaic. III. 8. 5.

28) So in Theben, Zenob. Proverb. VI. 17: φασὶ δὲ ὅτι ἐν Θήβαις
οἱ ἑαυτοὺς ἀναιροῦντες οὐδεμιᾶς τιμῆς μετεῖχον: in Cypern Dio Chr.
LXIV. 3: τὸν αὐτὸν ἀποκτείναντα ἄταφον ῥίπτεσθαι: vgl. auch Arte-
mid. Onirocr. I. 4: τούτους γὰρ μόνους ἐν νεκρῶν δείπνοις οὐ καλοῦσιν
οἱ προσήκοντες, und Philostr. Heroic. 12, p. 721: ὡς οὐχ ὅσιοι πυρὶ
θάπτεσθαι οἱ ἑαυτοὺς ἀποκτείναντες, mit Welcker ep. Cyklus II, S. 238;
im Allg. aber Plat. Legg. IX, p. 873 C, [wo als berechtigte Ausnahmen
Anordnung des Staates, oder ein unvermeidlicher übergrosser Schmerz
bei besonderm Unglücksfall oder eine unerträgliche, nicht zu entgehende
Schmach angegeben werden; der Selbstmörder soll für sich allein, an
unbewohnten Landesenden (ἀργὰ καὶ ἀνώνυμα) ohne Grabstein und Inschrift bestattet werden.]

29) Μοιρολόγχοι καὶ τὸ μοιρολογχεῖν ἐπὶ τῶν μετεχόντων κακουρ-
γήματος, Poll. VIII. 136; vgl. Lysias adv. Philocr. §. 11: οἱ τὰ τῶν ἰδιω-
τῶν ἀπολλύμενα τοῖς κλέπταις συνειδότες τοῖς αὐτοῖς ἐνέχονται, Pseu-
dophocylid. 135: φωρῶν μὴ δέξῃ κλοπίμην ἀδίκων παραθήκην ἀμφό-
τεροι κλῶπες καὶ ὁ δεξάμενος καὶ ὁ κλέψας u. Plat. Legg. XII, p. 955 B.

30) Βούλευσις, nicht auch Conat, wie Heffter, athen. Gerichtsverf.
S. 140 wollte; vgl. Forchhammer, de Areopago p. 30 und Weber ad Demosth. Aristocr. §. 37.

31) Andoc. de Myster. §. 94: καὶ οὗτος ὁ νόμος καὶ πρότερον ἦν
καὶ ὡς καλῶς ἔχων καὶ νῦν ἔστι καὶ χρῆσθε αὐτῷ· τὸν βουλεύσαντα ἐν
τῷ αὐτῷ ἐνέχεσθαι καὶ τὸν τῇ χειρὶ ἐργασάμενον: vgl. Antiph. Tetral.

III. 2. §. 5 und mehr bei Meier, att. Proc. S. 312 fgg. und Schömann,
Antiqu. jur. publ. p. 290.

32) Harpocr. p. 64: βουλεύσεως ἐγκλήματος ὄνομα ἐπὶ δυοῖν ταττόμενον πραγμάτων· τὸ μὲν γάρ ἐστιν, ὅταν ἐξ ἐπιβουλῆς τίς τινι κατασκευάσῃ θάνατον, ἐάν τε ἀποθάνῃ ὁ ἐπιβουλευθεὶς ἐάν τε μὴ· τὸ δ᾽ ἕτερον, ὅταν ἐγγεγραμμένος ὡς ὀφείλων τῷ δημοσίῳ αὐτὸς δικάσηταί τινι ὡς οὐ δικαίως αὐτὸν ἐγγεγραφότι: vgl. Demosth. c. Aristog. I,
§. 71 mit Meier S. 337, Platner S. 118, Böckh, Urk. d. Seewesens S. 536 f.
[Télfy, 'C. J. A. n. 1060. Comm. p. 553.]

§. 63.

So streng aber auch der griechische Staat die Vergehen
gegen Personen und Eigenthum zu ahnden schien, so galt doch
auch diese Fürsorge viel mehr der öffentlichen Sicherheit und
Selbsterhaltung des Ganzen [1]), als den persönlichen Interessen
des Einzelnen, die er selbst bei Mordklagen ausschliesslich den
Angehörigen zu vertreten überliess, geschweige bei Eigenthums-
verletzungen, sobald diese nicht zugleich als Friedensbruch auf-
gefasst werden konnten [2]); und wenn auch die Achtung des
Mein und Dein nirgends mehr so gering war wie in Sparta,
dessen Jugend den Diebstahl innerhalb gewisser Gränzen förmlich als Kriegsübung lernte [3]), so darf doch die staatspolizeiliche Härte, mit welcher Drakon denselben bis in seine ge-
ringfügigsten Aeusserungen verfolgte [4]), eben so wenig als Ausdruck der griechischen Rechtsansicht betrachtet werden. Dieser
entsprach wohl eher das solonische Gesetz, welche dasselbe
Vergehen mit doppeltem, höchstens durch kurze Haft im Blocke
geschärftem Ersatze büsste [5]); und so wenig auch schwereres
Aergerniss vor ausserordentlicher Strafe sicher war [6]), so scheint
doch im Ganzen gegen Betrug, Täuschung und ähnliche Be-
einträchtigungen im Privatverkehre, so weit sie nicht unter
den Bereich der Marktpolizei fielen [7]), der bürgerliche Rechts-
weg für ausreichend gehalten worden zu sein [8]): ja der nämlichen Gesetzgebung, die jede Benutzung eines gefundenen
Gegenstandes als Eigenmacht verpönte [9]), genügte die freiwillige Einhändigung von Seiten des Eigenthümers, um selbst
Veruntreuungen anvertrauten Privatguts keiner Ahndung von

Staatswegen zu unterziehen. [10]) Nur das unbewegliche Eigenthum war ein unmittelbarer Gegenstand der öffentlichen Aufmerksamkeit, die sich dann freilich auch vielfach auf Kosten
der persönlichen Verfügung äusserte. [Oeffentliche Aufzeichnungen über die Eigenthumsverhältnisse an Grund und Boden
haben zum Behufe der Bestimmung der politischen Rechte wie
der Leistungen an den Staat in Athen seit Solon, besonders
seit Nausinikos 377 v. Chr. stattgefunden (Grund- oder Landbücher, Kataster), an einzelnen Orten wie Chios auch als Sicherung der darauf ruhenden privaten Verpflichtungen Hypothekenbücher. [11])] Die Unveräusserlichkeit des ererbten Grundbesitzes war nicht bloss wie in Sparta [12]) bei ursprünglich gleicher, sondern nach mehr als einem Rechte auch bei ungleicher
Vertheilung [13]) der Angelpunkt der Gemeindeverfassung, von
welchem nur im äussersten Nothfalle abzuweichen erlaubt
war [14]); und diesem gegenüber stand dann in anderen Staaten
das Verbot der Vergrösserung desselben über ein bestimmtes
Maass, dergleichen selbst Solon in Athen erlassen haben soll [15]);
wenn gleich die spätere Entwickelung dieses wie jenes in Vergessenheit brachte. [Eine erneute Ausgleichung des Grundvermögens scheint Phaleas in Theben vorgenommen zu haben. [15])]
Dagegen galt fortwährend als Fundament des ganzen bürgerlichen Lebens die Heiligkeit der Gränzen, die schon vor aller
bürgerlichen Gesetzgebung durch ihre gottesdienstliche Beziehung, um nicht zu sagen Vergötterung, dem Eigenthume eine
höhere Weihe ertheilt hatten [17]) und mit derselben Sorgfalt
wie Tempelgut von profanem [18]), auch auf diesem Gebiete den
Besitz der Einzelnen unter sich und vom Staatsgute schieden.
Wie Privatverträge selbst die Höhe der Gränzsteine bestimmen [19]), so wahrte der Staat die öffentlichen Wege und Plätze [20])
mit solcher Strenge, dass er mitunter bis auf hervorspringende
Häusertheile Anspruch erhob [21]); und sowohl zwischen Einzelländereien als an den Marken grösserer Gebiete scheint, um
Irrungen zu vermeiden, bisweilen eine Strecke Feldes ganz dem
Anbaue entzogen worden zu sein. [22]) Dass die Wohnung des
Bürgers ein Heiligthum sei, das kein unberechtigter Fuss betreten dürfe, erkannte Sparta [23]) wie Athen an [24]); ausserdem

aber war in den solonischen Gesetzen auf's Genaueste bestimmt,
wie weit ein Nachbar mit Anpflanzungen oder Bauten von der
Gränze des andern entfernt bleiben sollte, um diesen nicht zu
beeinträchtigen ²⁵); und nur in der einzigen Hinsicht legten
sie auch dem Eigenthume wieder eine Art von Servitut auf,
als sie dem, welcher auf seinem Grunde vergebens zehn Klafter
tief nach Wasser gesucht hatte, den Nachbarbrunnen täglich
zweimal für eine bestimmte Menge zu benutzen erlaubten. ²⁶)

1) Desshalb straft er auch kleinere Vergehen, um grössere zu verhüten, νομίζουσι τὸν ἐν τοῖς μικροῖς συνεθιζόμενον ἀδικεῖν τοῦτον τὰ
μεγάλα τῶν ἀδικημάτων εὐχερέστερον προσδέξεσθαι, Dinarch. c. Demosth. §. 55; vgl. Demosth. c. Con. §. 18 fg.

2) Dass selbst die γραφαὶ κλοπῆς in diesem Stücke den φονικαῖς
entsprachen, hält auch Meier A. P. S. 164 für wahrscheinlich: jedenfalls
aber galt hier was Isaeus de Hagn. §. 32 sagt: οὐδ' ἐθίζειν εἶναι γραφὰς περὶ ὧν δίκας οἱ νόμοι πεποιήκασι. [Wenn im kleinasiatischen
Kyme die Nachbarn den Verlust des Gestohlenen ersetzen müssen, so
ist damit die Solidarität des grösseren Ganzen für das Eigenthum des
Einzelnen ausgesprochen Plut. Quaest. gr. 2.]

3) Xenoph. Anab. IV. 6. 14: ὑμᾶς ἀκούω τοὺς Λακεδαιμονίους ὅσοι
ἐστὲ τῶν ὁμοίων, εὐθὺς ἐκ παίδων κλέπτειν μελετᾶν, καὶ οὐκ αἰσχρὸν
εἶναι, ἀλλὰ ἀναγκαῖον κλέπτειν, ὅσα μὴ κωλύει νόμος: vgl. Republ. Lac.
II. 6, Heracl. Pol. 2: ἐθίζουσι δὲ αὐτοὺς καὶ κλέπτειν, καὶ τὸν ἁλόντα
κολάζουσι πληγαῖς, ἵν' ἐκ τούτου πονεῖν καὶ ἀγρυπνεῖν δύνωνται ἐν
τοῖς πολέμοις. [Isocr. Panathen. 211: ἐκεῖνοι γὰρ καθ' ἑκάστην τὴν
ἡμέραν εὐθὺς ἐξ εὐνῆς ἐκπέμπουσι τοὺς παῖδας, μεθ' ὧν ἂν ἕκαστοι
βουληθῶσι, λόγῳ μὲν ἐπὶ θήραν, ἔργῳ δὲ ἐπὶ κλοπείαν τῶν ἐν τοῖς ἀγροῖς
κατοικούντων· ἐν ᾗ συμβαίνει τοὺς μὲν ληφθέντας ἀργύριον ἀποτίνειν
καὶ πληγὰς λαμβάνειν, τοὺς δὲ πλεῖστα κακουργήσαντας καὶ λαθεῖν δυ-
νηθέντας ἔν τε τοῖς παισὶν εὐδοκιμεῖν μᾶλλον τῶν ἄλλων, ἐπειδὰν δ' εἰς
ἄνδρας συντελῶσιν — ἐγγὺς εἶναι τῶν μεγίστων ἀρχῶν und zugleich
spricht der Lobredner Sparta's aus l. c. 259: ἐν τῇ Σπαρτιατῶν οὐδεὶς
ἂν ἐπιδείξειεν — οὐδ' ἁρπαγὰς χρημάτων.] Dazu s. d. Abh. de furti apud
Lac. licentia von H. Lochman (Lips. 1674. 4.) oder J. S. Gribner (das.
1705. 4.) und Müller, Dor. II, S. 310 fg.

4) Plut. V. Solon. c. 17: μία γὰρ ὀλίγου δεῖν ἅπασιν ὥριστο τοῖς
ἁμαρτάνουσι ζημία θάνατος, ὥστε καὶ τοὺς λάχανα κλέπτοντας ἢ ὀπώραν ὁμοίως κολάζεσθαι τοῖς ἱεροσύλοις καὶ ἀνδροφόνοις: vgl. Aristot.
Politic. II. 9. 9 und meine Abh. de Dracone legumlatore Attico, Gott.
1849. 4.

5) Gell. XI. 18: *Solo sua lege in fures non ut Draco antea mortis,
sed dupli poena vindicandum existimavit*; vgl. Arist. Probl. XXIX. 14

und Demosth. Timocr. §. 114: *εἰ δέ τις ἰδίαν δίκην κλοπῆς ἁλοίη, ὑπάρ-
χειν μὲν αὐτῷ διπλάσιον ἀποτίσαι τὸ τιμηθέν, προστιμῆσαι δ' ἐξεῖναι
τῷ δικαστηρίῳ πρὸς τῷ ἀργυρίῳ δεσμὸν τῷ κλέπτῃ πένθ' ἡμέρας καὶ
νύκτας ἴσας, ὅπως ὁρῷεν πάντες αὐτὸν δεδεμένον,* welche Schärfung inzwischen als rein facultativ die Natur der Klage selbst nicht ändert,
geschweige denn mit Meier S. 485, Platner II, S. 174, Lelyveld p. 77
u. A. auf eine infamirende Wirkung der *ἰδία δίκη κλοπῆς* schliessen
lässt; denn dann hätte der Redner gleich nachher §. 115 nicht *ἐν αἰσχύνῃ*, sondern *ἐν ἀτιμίᾳ ἤδη ζῆν τὸν ἄλλον βίον* gesagt; und das Zeugniss des Andoc. de Myster. §. 73: *ὅσοι κλοπῆς ἢ δώρων ὄφλοιεν, τούτους
ἔδει καὶ αὐτοὺς καὶ τοὺς ἐκ τούτων ἀτίμους εἶναι,* kann demzufolge nur
auf Unterschlagung öffentlicher Gelder gehn. Schwieriger ist die Frage,
ob in den Gesetzesworten bei Demosth. §. 105 für den Fall der Nicht-
erstattung ein zehnfacher Ersatz angenommen oder mit Herald. Anim.
p. 314, dem auch Schelling, de Solonis legibus p. 133 fg. und Funkhänel
in N. Jahrbb. XXXV, S. 416 beipflichten, *δεκαπλασίαν* in *διπλασίαν*
verwandelt werden soll, zumal da die Aechtheit jener Worte überhaupt
verdächtig ist; die Fälle §. 82 und 127 sind jedenfalls keine einfachen
Entwendungen.

6) Dahin siehe ich, was Dio Chr. XXXI. 34 zu den Rhodiern sagt:
*ἐὰν μὲν οἰκέτην τις ἀλλότριον ἢ σκεῦος ἀποδῶται ψευσάμενος ὡς ἑαυ-
τοῦ, σφόδρα ἕκαστος ἀγανακτεῖ τῶν ἠπατημένων καὶ θαυμάζοιμ' ἄν,
εἰ μὴ θανάτῳ ἐζημιοῦτε τοῦτον ὑμεῖς:* dessgleichen die Eisangelie wegen betrügerischen Falliments bei Demosth. pro Phorm. §. 50 u. s. w.

7) *Κατὰ τὴν ἀγοράν ἀντιδτὶν.* Demosth. Lept. §. 9, Diog. Laert.
1. 104, vgl. Harpocr. p. 164 und Platner, Process II, S. 340.

8) Vgl. Wachsmuth II, S. 221, womit auch schon die Bemerkung
bei Plat. Legg. XI, p. 916 D. übereinstimmt: *κιβδηλείαν δὲ χρὴ πάντα
ἄνδρα διανοηθῆναι καὶ ψεῦδος καὶ ἀπάτην ὡς ἕν τι γένος ὄν, τοῦτο
ᾧ τὴν ᾗ μὴν ἐπιφέρειν εἰώθασιν οἱ πολλοὶ κακῶς λέγοντες, ὡς ἐν καιρῷ
γιγνόμενον ἑκάστοτε τὸ τοιοῦτον πολλάκις ἂν ὀρθῶς ἔχοι.*

9) *Ἃ μὴ ἔθου, μὴ ἀνέλῃ· εἰ δὲ μἡ, θάνατος ἡ ζημία,* Diog. L. I.
57; vgl. Plat. Legg. XI, p. 513 C und Aelian. V. Hist. III. 46. Auch
sprichwörtlich gewordene *βολίτου δίκη* (Schol. Aristoph. Equ. 565. Paroemiogr. gr. I. p. 388) dürfte hierher gehören, vgl. de Dracone p. 6;
misslicher bleibt die Entscheidung über die Strafgesetze gegen Garten-
diebstahl bei Festus p. 302 Müll. und Alciphr. III. 40, die der solonischen Bestimmung des peinlichen Charakters eines Diebstahls bei Tage
auf einen Werth von mindestens fünfzig Drachmen (Demosth. Timocr.
§. 113) widersprechen, obgleich Plat. Legg. VIII, p. 844 E auch diesen
Fall auf den obigen Grundsatz: *μή κινεῖν ὅ τι μή κατέθετο,* zurückführt.

10) Vgl. Demosth. Mid. §. 44: *ἂν μὲν ἑκων παρ' ἑκόντος τις λάβῃ
τάλαντον ἓν ἢ δύο ἢ δέκα καὶ ταῦτ' ἀποστερήσῃ, οὐδὲν αὐτῷ πρὸς τὴν
πόλιν ἐστί,* welches Zeugniss Meier S. 514, Platner II, S. 364, Lelyveld

p. 186 übersehen haben, wenn sie mit Meursius Them. Att. II. 23 aus Michael Eph. ad Aristot. Eth. V, p. 77 b ein Gesetz entlehnen: *τὸν μὴ ἀποδιδόντα τὴν παρακαταθήκην ἄτιμον εἶναι.* Dass Aristoteles selbst davon nichts wusste, zeigt Probl. XXIX. 2, wo derselbe die Frage: *διὰ τί παρακαταθήκην δεινότερον ἀποστερεῖν ἢ δάνειον*, lediglich aus dem moralischen Gesichtspunkte erörtert; und weit entfernt, aus dem römischem Rechte einen Rückschluss auf das griechische zu machen, werden wir die von Lelyveld angeführte Bestimmung des ersteren gerade nur als die Quelle des Scholiasten betrachten dürfen.

(11) *Διάγραμμα* Bekker Anecdd. gr. p. 236, 9: *τὸ συντίμημα τῆς οὐσίας ἐκαλεῖτο, ἐν ᾧ ἐνεγίγραπτο τί ἕκαστος ἔχει.* Auch *ἀπογραφαὶ* Plato Legg. V. p. 745; VIII. p. 856, in Attika aufgestellt von den Demarchen, Harpocr. u. Suidas s. v. *δήμαρχος· τῶν ἐν ἑκάστῳ δήμῳ χωρίων.* Etym. M. s. v. gibt den Zweck an: *πρὸς τὰ δημόσια ὀφλήματα.* So Kypselos *τὰ ὄντα Κορινθίοις πάντα ἐκέλευσεν αὑτοὺς ἀπογράψασθαι, ἀπογραψαμένων δὲ τούτων τὸ δέκατον μέρος παρ' ἑκάστου ἔλαβε* Aristot. Oecon. II. p. 1346 b od. Bekker. So liessen die Athener in Potidaea zum Behufe einer Kriegsteuer *ἀπογράψασθαι ἅπασι συνέταξαν τὰς οὐσίας, μὴ ἀθρόας εἰς τὸν αὑτοῦ δῆμον ἕκαστον, ἀλλὰ κατὰ κτῆμα ἐν ᾧ τόπῳ ἕκαστον εἴη* Aristot. Oecon. l. c. —. Als Hypothekenbücher gefasst bei Theophrast π. *συμβολαίων* in Stob. Floril. XLIV. 22: *παρ' οἷς γὰρ ἀναγραφὴ τῶν κτημάτων ἐστὶ καὶ τῶν συμβολαίων, ἐξ ἐκείνων ἔστι μαθεῖν, εἰ ἐλεύθερα καὶ ἀνέπαφα καὶ τὰ αὑτοῦ πωλεῖ δικαίως· εὐθὺς γὰρ καὶ μετεγγράφει ἡ ἀρχὴ τὸν ἐωνημένον,* Vgl. dazu Böckh, Staatsh. d. Ath. I. S. 665 f. und Büchsenschütz, Besitz und Erwerb S. 67. Auch die *διαγραφή* gehört hierher, eine Art Karte Harpocr. s. v.: *ἡ διατύπωσις τῶν πιπρασκομένων μετάλλων δηλοῦσα διὰ γραμμάτων, ἀπὸ ποίας ἀρχῆς μέχρι πόσου πέρατος πιπράσκεται.*]

12) Wo bekanntlich *τῆς ἀρχῆθεν διατεταγμένης μοίρας πωλεῖν οὐκ ἐξῆν*, Plut. Inst. Lacc. p. 238 E: vgl. Heracl. Pol. 2: *πωλεῖν δὲ γῆν Λακεδαιμονίοις αἰσχρὸν νενόμισται, τῆς δ' ἀρχαίοις μοίρας οὐδὲ ἔξεστιν.*

13) Aristot. Politic. II. 3. 7: *Φείδων μὲν οὖν ὁ Κορίνθιος, ὢν νομοθέτης τῶν ἀρχαιοτάτων, τοὺς οἴκους ἴσους ᾠήθη δεῖν διαμένειν καὶ τὸ πλῆθος τῶν πολιτῶν, καὶ εἰ τὸ πρῶτον τοὺς κλήρους ἀνίσους εἶχον πάντες κατὰ μέγεθος;* vgl. Müller, Dorier II, S. 200 und Weissenborn Hellen. S. 39.

14) Aristot. II. 4. 4: *ὁμοίως δὲ καὶ τὴν οὐσίαν πωλεῖν οἱ νόμοι κωλύουσιν, ὥσπερ ἐν Λοκροῖς νόμος ἐστὶ μὴ πωλεῖν ἐὰν μὴ φανερὰν ἀτυχίαν δείξῃ συμβεβηκυῖαν· ἔτι δὲ τοὺς παλαιοὺς κλήρους διασώζειν· τοῦτο δὲ λυθὲν καὶ περὶ Λευκάδα δημοτικὴν ἐποίησε λίαν τὴν πολιτείαν αὐτῶν:* vgl. II. 9. 7 und VI. 2. 5: *ἦν δὲ τό γ' ἀρχαῖον ἐν πολλαῖς πόλεσι νενομοθετημένον μηδὲ πωλεῖν ἐξεῖναι τοὺς πρώτους κλήρους.*

[15) Aristot. Polit. II. 12: *Φαλέου δὲ ἴδιον ἡ τῶν οὐσιῶν ἀνομάλωσις* mit der nähern Ausführung l. c. 7: *τάχιστ' ἂν ὁμαλισθῆναι τῷ τὰς*

494 *Th. IV. Rechtliche Zustände.*

προῖκας τοὺς μὲν πλουσίους διδόναι μὲν, λαμβάνειν δὲ μή, τοὺς δὲ πένητας μὴ διδόναι μὲν, λαμβάνειν δέ nach O. Müller, Dorier II. S. 200, der ἀνομάλωσις wie ἀναδασμός als neue Ausgleichung, Vertheilung fasst.]

16) Daselbst: διότι μὲν οὖν ἔχει τινὰ δύναμιν εἰς τὴν πολιτικὴν κοινωνίαν ἡ τῆς οὐσίας ὁμαλότης. καὶ τῶν πάλαι τινὲς φαίνονται διεγνωκότες, οἷον καὶ Σόλων ἐνομοθέτησε, καὶ παρ' ἄλλοις ἐστὶ νόμος, ὃς κωλύει κτᾶσθαι γῆν ὁπόσην ἂν βούληταί τις: und: τῶν τε νόμων τινὲς τῶν παρὰ τοῖς πολλοῖς κειμένων τὸ ἀρχαῖον χρήσιμοι πάντες, ἢ τὸ ὅλως μὴ ἐξεῖναι κεκτῆσθαι πλείω γῆν μέτρον τινός, ἢ ἀπό τινος τόπου πρὸς τὸ ἄστυ καὶ τὴν πόλιν. [Dagegen in Kreta wenigstens in späterer Zeit volle Freiheit im Landerwerb nach Polyb. VI. 46: τήν τε γὰρ χώραν κατὰ δύναμιν αὐτοῖς ἐφιᾶσιν οἱ νόμοι, τὸ δὴ λεγόμενον, εἰς ἄπειρον κτᾶσθαι.]

17) Θεοὶ ὅριοι. Aelian. Epist. rust. p. 648; vgl. Poll. IX. 8 und den νόμος Διὸς ὁρίου bei Plat. Legg. VIII, p. 842 E: μὴ κινείτω γῆς ὅρια μηδεὶς μήτε οἰκείου πολίτου γείτονος μήτε ὁμοτέρμονος . . . βουλέσθω δὲ πᾶς πέτρον ἐπιχειρῆσαι κινεῖν τὸν μέγιστον ἄλλον μᾶλλον ἢ σμικρὸν λίθον ὁρίζοντα φιλίαν τε καὶ ἐχθρὰν ἔνορκον παρὰ θεῶν κ. τ. λ. mit m. Abb. de terminis eorumque religione apud Graecos. Gott. 1846. 4.

18) Vgl. Mazocchi in Tab. aen. Heracl. Neap. 1754 fol. p. 145 fg. u. mehr de Terminis p. 8 fg., auch Keil, Inscr. Boeot. syll. Lips. 1847. 4., p. 40 fg. und im Allgem. C. Bötticher, Tektonik der Hellenen, Potsdam 1849. 4., S. 17 fg.

19) Vgl. C. Inscr. n. 93: καὶ ὅρους ἐπὶ τοῦ χωρίου μὴ ἐλάττους ἢ τρίποδας ἑκατέρωθεν δύο, und im Allgem. schon Iliad. XXI. 405, dann Theophr. Char. 10: καὶ τοὺς ὅρους ἐπισκοπεῖσθαι ὁσημέραι, εἰ διαμένουσιν οἱ αὐτοί: obgleich namentlich Privatgrundstücke auch noch anders als durch Steine abgegränzt wurden: s. de Terminis p. 35. [Staatsgebäude πάνδημοι στέγαι sind z. B. Gefängnisse Eurip. Bacch. 227; nach Plato Legg. VI. p. 779 C haben die Astynomen zu sorgen: ὅπως ἰδιώτης μηδεὶς μηδὲν τῶν τῆς πόλεως μήτε οἰκοδομήμασι μήτε οὖν ὀρύγμασιν ἐπιλήψεται; daher gab es ein διαδικάζειν εἴ τις — κατοικοδομεῖ τι δημόσιον Xenoph. Rep. Athen. III. 4.]

20) Ὅρος ὁδοῦ, Zeitschr. f. d. Alterth. 1844, S. 30, Revue archéol. IV, p. 430, Ἐφ. ἀρχ. p. 564, Archäol. Zeit. 1848, S. 293, [sowie Curtius, Wegebau S. 35 und Télfy, C. J. A. n. 1462—1465. Comment. p. 623 f.]

21) Vgl. Aristot. Oeconom. II. 5 und Polyaen. Strateg. III. 9. 30, der fast dasselbe, was jener von Hippias, von Iphikrates erzählt: ἐν ἀπορίᾳ χρημάτων ἔπεισε τοὺς Ἀθηναίους τὰ ὑπερέχοντα τῶν οἰκοδομημάτων εἰς τὰς δημοσίας ὁδοὺς ἀποκόπτειν ἢ πιπράσκειν, ὥστε οἱ δεσπόται τῶν οἰκιῶν πολλὰ εἰσήνεγκαν χρήματα ὑπὲρ τοῦ μὴ περικοπῆναι καὶ σαθρὰ γενέσθαι τὰ οἰκοδομήματα.

22) Ὀργὰς γῆ, Paus. III. 4. 2; μεθόριον Hesych. II. p. 558: vgl. G. A. §. 20, not. 11 und dazu ἐπίξυνος ἀρούρη Iliad. XII. 422, ἄντομος, Tab. Heracl. p. 177, vielleicht auch ἀμμορίη Heges. de Halon. §. 39; s. de Term. p. 16.

23) Dionys. Hal. Arch. XX. 2: τῶν δὲ κατ' οἰκίαν γινομένων οὔτε πρόνοιαν οὔτε φυλακὴν ἐποιοῦντο, τὴν αὔλειον θύραν ἑκάστου ὅρον εἶναι τῆς ἐλευθερίας τοῦ βίου νομίζοντες. Ross, Inscript. fasc. II. Was Xenoph. Rep. Lac. VI. 4. von ländlichen Vorrathshäusern sagt: τοὺς δεομένους ἀνοίξαντας τὰ σήμαντρα, λαβόντας ὅσων ἂν δέωνται σημηναμένους καταλιπεῖν, thut dem keinen Abtrag.

24) Demosth. adv. Everg. §. 60: εἰς μὲν τὴν οἰκίαν οὐκ εἰσῆλθεν· οὐ γὰρ ἡγεῖτο δίκαιον εἶναι μὴ παρόντος τοῦ κυρίου: vgl. adv. Androt. §. 52 und Schömann, att. Process S. 589.

25) Ἐάν τις αἱμασιὰν παρ' ἀλλοτρίῳ χωρίῳ ὀρύῃ, τὸν ὅρον μὴ παραβαίνειν· ἐὰν τειχίον, πόδα ἀπολείπειν, ἐὰν δὲ τάφρον ἢ βόθρον ὀρύττῃ, ὅσον τὸ βάθος ᾖ, τοσοῦτον ἀπολείπειν· ἐὰν δὲ φρέαρ, ὀργυιάν· ἐλαίαν δὲ καὶ συκῆν ἐννέα πόδας ἀπὸ τοῦ ἀλλοτρίου φυτεύειν, τὰ δὲ ἄλλα δένδρα πέντε πόδας: Gajus in l. ult. Dig. X. 1 de fin. regundis, wozu aus den Basiliken noch der.Schluss bei Otto Thes. jur. civ. III, p. 1514: εἰ δέ τις ἐν ἀγρῷ βούλοιτο κτίσαι, τόξον βολήν ἀπὸ τοῦ ἀγρογείτονος ἀπεχέτω: vgl. Plut. V. Solon. c. 23 [mit der weitern Angabe: καὶ μελισσῶν σμήνη καθιστάμενον ἀπέχειν τῶν ὑφ' ἑτέρου πρότερον ἱδρυμένων πόδας τριακοσίους] und Plat. Legg. VIII, p. 843 E mit Platner, Process II, S. 373, Rosen, Fragm. Gajani de jure confinium interpretatio, Lemgo 1831. 8., p. 25 fg., Rudorff in Zeitschr. f. geschichtliche Rechtswiss. X, S. 385 fg., und was von älteren Erklärern in Fabric. Bibl. ed. Harles II, p. 53 citirt ist. [Vgl. auch Büchsenschütz, Besitz u. Erwerb S. 67.]

26) Plut. V. Solon. c. 23: ὅπου μέν ἐστι δημόσιον φρέαρ ἐντὸς ἱππικοῦ, χρῆσθαι τούτῳ· τὸ δ' ἱππικὸν διάστημα τεττάρων ἦν σταδίων· ὅπου δὲ πλείον ἀπεῖχε, ζητεῖν ὕδωρ ἴδιον· ἐὰν δὲ ὀρύξαντες ὀργυιὰν δέκα βάθος παρ' ἑαυτοῖς μὴ εὕρωσι, τότε λαμβάνειν παρὰ τοῦ γείτονος ἑξάχουν ὑδρίαν δὶς ἑκάστης ἡμέρας πληροῦντας: vgl. Plat. Legg. VIII, p. 844 und Herald Observ. c. 41, p. 127 fg.

§. 64.

Am ursprünglichsten stehen übrigens auch alle Eigenthumsverhältnisse, zumal was unbeweglichen Besitz betrifft, auf dem Boden des Familienrechts, das in dieser Hinsicht nicht bloss die gleichzeitig lebenden Mitglieder eines Hauses durch die gemeinschaftliche Nutzniessung verbindet [1]), sondern auch die aufeinanderfolgenden Geschlechter desselben durch das Band einer selbstverständlichen Erbfolge der ehelichen Söhne verknüpft [2]), wozu es dann nur für Seitenverwandte noch gesetzgeberischer Ergänzung bedurfte. [3]) Zwar war auch bei mehreren Söhnen die Frage über den Antheil eines jeden möglich,

und da es nicht scheint, als ob die Erstgeburt weitere Vor-
züge als die eines Ersten unter seines Gleichen verliehen habe⁴),
so konnte hier nicht nur⁵), sondern musste sogar, wo die Ver-
fassung eine Theilung der Güter untersagte⁶), Gesammteigen-
thum eintreten; als Regel darf jedoch schon von den ältesten
Zeiten an gleiche Theilung angenommen werden⁷), und dieselbe galt dann auch für gleichberechtigte Seitenverwandte, wo
nur die Berechtigung selbst gesetzlich dergestalt abgestuft war,
dass diejenigen, welche das nähere Stammhaupt mit dem Erblasser gemein hatten, den entfernteren, bei gleicher Nähe des
Grades aber die männlichen und männlicherseits Verwandten
den weiblichen und weiblicherseits Verwandten vorgingen.⁸)
Weibliche Familienglieder konnten ohnehin nur auf Unterhalt
und Ausstattung aus dem Hausvermögen⁹), nie auf eigenen
Besitz Anspruch machen, und selbst wo sie in Ermangelung
gleichberechtigter Männer als Erbinnen eintreten, dienen sie
eigentlich nur das Erbe für den Nächstberechtigten zu ver-
mitteln, insofern dieser sie zu heirathen ebenso berechtigt als
verpflichtet war¹⁰) und damit ihr Vermögen wenigstens für
die aus dieser Ehe hervorgehenden Kinder erwarb; sonst gelten
auch hier die nämlichen Grundsätze der Theilung¹¹), und zwar
fortwährend nach Stämmen, nicht nach Köpfen, wie sich denn
überall nicht nachweisen lässt, dass das griechische Erbrecht
der einfachen Repräsentation eines Verstorbenen durch seine
Nachkommen irgend eine Gränze gesetzt hätte.¹²) Nur in Beziehung auf solche Seitenverwandte, die mit dem Erblasser
theils durch dessen Vater, theils durch dessen Mutter zusam-
menhingen, enthielt das attische Gesetz die ausdrückliche Beschränkung, dass der Vorzug der ersteren bis zu den Nachkommen seiner Geschwisterkinder reichen¹³), dann erst die bis
zum nämlichen Grade von mütterlicher Seite Verwandten folgen sollten¹⁴); oder wenn es auch ja noch zweifelhaft sein
könnte, ob die ἀνεψιῶν παῖδες des Gesetzes nicht vielmehr bis
zu den Nachgeschwisterkindern ausgedehnt werden müssen¹⁵),
so ist doch jene Bestimmung weder so zu deuten, dass sie die
Descendenz der näheren Grade ausschlösse, noch dass die jen-
seits liegenden Verwandten desshalb aller und jeder Erbbe-

rechtigung entbehrt hätten. [16]) Am schwierigsten ist das Erbrecht des Ascendenten und Collateralen in aufsteigender Linie
zu bestimmen, in welcher Hinsicht die Ansprüche der Mütter
schon im Alterthume als bestritten erscheinen [17]); und wenn
dasselbe auch weder was die Eltern noch selbst was die Oheime
betrifft, ganz verworfen werden kann [18]), zumal da letzteren
auch unzweifelhaft Rechte auf Erbtöchter zustanden [19]), so
schwebt doch über ihre Rangordnung im Verhältniss zu den
jüngeren Seitenverwandten ein Dunkel, das nur vermuthungs-
weise auch hier durch der Maassstab der grösseren oder ge-
ringeren Nähe des gemeinschaftlichen Stammhauptes gelichtet
werden kann, wodurch aber selbst der Vater erst nach den
Geschwistern und deren Kindern zur Erbschaft käme. [20])

1) Daher die Hausgenossen ὁμόκαποι oder ὁμοσίπνοι, d. h. ὁμορρά-
πεξοι, Hesych. II, p. 755, vgl. oben §. 9, not. 3.

2) Philo de vita Mosis c. 3: ὁ νόμος φύσεως ἐστι κληρονομεῖσθαι
τοὺς γονεῖς ὑπὸ τῶν παίδων: vgl. Hesiod. ἔργ. 378: γηραιὸς δὲ θάνοις
ἕτερον παῖδ᾽ ἐγκαταλείπων, Isocr. ad Demon. §. 2, Plat. Republ. I, p.
331 D u. s. w.

3) Hierüber hat nach der werthlosen Abhandlung von N. Volcmar,
de intestatorum Atheniensium hereditatibus, Frankf. a. O. 1778. 4., zuerst W. Jones in s. engl. Uebers. des Isacus, Oxf. 1779. 4. oder Works
T. IX gehandelt; dann insbes. C. C. Bunson, de jure hereditario Atheniensium, Gott. 1813. 4., E. Gans, das Erbrecht in weltgeschichtlicher
Entwickelung, Berlin 1824. 8., B. I., S. 290fgg., C. de Boor, über das
attische Intestaterbrecht . . . als Prolegomena zu der Rede gegen Ma-
kartatus, Hamb. 1838. 8., womit übrigens noch die Beurtheilungen von
Platner in Heidelb Jahrbb. 1814, N. 74. 75 und Richters krit. Jahrbb.
der Rechtswiss. 1840, H. 3, Schömann in Allg. Lit. Zeitg. 1840 E. Bl.
S. 524fg., und mir in Zeitschr. f. d. Alterth. 1840, N. 2—5 zu verbinden
sind. Auch van Stegeren. de condit. civ. feminarum p. 104f. u. Schelling,
de Solonis legibus p. 103 fg. mit der Rec. v. Franke in Jen. Lit. Zeit.
1844, S. 738fg. handeln darüber. Neuere Abhandlungen von Seifert, de
jure hereditario Athen. Griphisw. 1842 und E. Schneider, de jure hereditario Athenicusium Monach. 1852. 8, [Dem. Maurocordato, Essai histo-
rique sur les divers ordres de succession ab intestat. Paris 1847. 8. p. 22
—32], Naber in Mnemosyne 1852. I. p. 375 ff. und Giraud, sur le droit
de succession chez les Athéniens 1842 in Revue de législ. XVI. p. 97 f.,
[sowie H. Brandes in Hallesche Encyklop. Sect. I. Bd. 83. S. 81 fg. Es
bedurfte dazu keines besonderen Antrages auf Erbeinsetzung, vgl. Isae.

de Pyrrbi heredit. §. 60: ὅσοι μὲν ἂν καταλίπωσιν γνησίους παῖδας ἐξ αὐτῶν, οὐ προσήκει τοῖς παισὶν ἐπιδικάσασθαι τῶν πατρῴων im Gegensatz zu den Seitenverwandten und zu testamentarischen Erben s. Caillemer, Étude sur les ant. jurid. III. p. 8 f.]

4) Iliad. XV. 204: οἶσθ᾽ ὡς πρεσβυτέροισιν Ἐρινύες αἰὲν ἕπονται. Daher hatte der Erstgeborene nach Wachsmuths richtiger Bemerkung II, S. 173 „eine Art Recht der Auswahl bei Erbtheilungen", konnte auch ein Praelegat, πρεσβεῖα, erhalten, Demosth. pro Phorm. §. 11 u. 34; dass aber die Erbtheilung selbst wenigstens in Attika erst eine solonische Bestimmung sei, ist von Hüllmann, griech. Denkwürdigk. S. 21 ohne alle Beglaubigung behauptet und auch von Droysen in Schmidt's Zeitschr. f. Geschichte VIII, S. 298 durch die Beziehung auf Hesych. I. p. 1302 um nichts wahrscheinlicher gemacht. Denn dass alle nachgeborenen Söhne ausserhalb des Geschlechts, ἔξω τριακάδος, gewesen wären, ist um so weniger anzunehmen, als gerade die ächten und vollberechtigten Geschlechtsgenossen Milchbrüder, ὁμογάλακτες, heissen, s. St. A. §. 98, not. 8; jene μὴ μεταλαμβάνοντες παῖδες ἢ ἀγχιστεῖς κλήρου, τελευτήσαντός τινος, müssen also vielmehr Halbbürtige oder ähnliche Ausnahmen gewesen sein, s. oben §. 57, not. 2. [Im Gegentheil ist Grundsatz: ὁ νόμος κελεύει ἅπαντας τοὺς γνησίους ἰσομοίρους εἶναι τῶν πατρῴων Isae. de Philoctem. heredit. 25. Vgl. auch gegen jede Art der Primogenitur in Athen Caillemer, le Droit de tester p. 36.]

5) Wie bei Aeschin. c. Timarch. §. 102: ἦσαν οὗτοι τρεῖς ἀδελφοί ... τούτων πρῶτος ἐτελεύτησεν Εὐπόλεμος, ἀνεμήτου τῆς οὐσίας οὔσης, δεύτερος δ᾽ Ἀρίζηλος ὁ Τιμάρχου πατὴρ ὅτε δ᾽ ἔζη, πᾶσαν τὴν οὐσίαν διεχείριζε διὰ τὴν ἀσθένειαν καὶ τὴν συμφορὰν τὴν περὶ τὰ ὄμματα τοῦ Ἀριγνώτου .... καί τι καὶ εἰς τροφὴν συνταξάμενος ἐδίδου τῷ Ἀριγνώτῳ: vgl. Demosth. c. Leoch. §. 18, Everg. §. 34. c. Diogit. §. 4: ἀδελφοὶ — ὁμοπάτριος καὶ ὁμομήτριος καὶ τὴν μὲν ἀφανῆ οὐσίαν ἐνείμαντο, τῆς δὲ φανερᾶς ἐκοινώνουν. Harpocr. s. v. κοινωνικῶν: κοινωνικοὺς ἂν λέγοι τάχα μὲν τοὺς ἀνέμητον οὐσίαν ἔχοντας ἀδελφούς, ὧν ὁ μὲν πατὴρ ἐδύνατο λειτουργεῖν, οἱ δὲ κληρονόμοι τῶν ἐκείνου καθ᾽ ἕνα τριηραρχεῖν οὐκ ἐξήρκουν.

6) Also namentlich in Sparta, wie dieses auch insbes. Polyb. XII. 6 bestätigt: παρὰ μὲν γὰρ τοῖς Λακεδαιμονίοις καὶ πάτριον ἦν καὶ σύνηθες τρεῖς ἄνδρας ἔχειν γυναῖκα καὶ τέτταρας, ποτὲ δὲ καὶ πλείους, ἀδελφοὺς ὄντας, καὶ τέκνα τούτων εἶναι κοινά: gerade daraus aber geht hervor, dass auch dort nicht mit Manso Sparta I, S. 121, Müller, Dor. II, S. 193, Lachmann, spartan. Staatsverf. S. 172 fg. an Majorate gedacht werden kann, vgl. m. Antiqu. Lacc. p. 178 fg.

7) Schon Odyss. XIV. 209: τοὶ δὲ ζωὴν ἐδάσαντο παῖδες ὑπέρθυμοι καὶ ἐπὶ κλήρους ἐβάλοντο: vgl. C. Inscr. II. p. 475, Aristot. Politic. V. 3, 2, Demosth. c. Everg. §. 35, und insbes. Isaeus de Philoct. §. 25: τοῦ νόμου κελεύοντος πάντας τοὺς γνησίους ἰσομοίρους εἶναι τῶν πατρῴων.

8) Demosth. adv. Macart. §. 51: ὅστις ἂν μὴ διαθέμενος ἀποθάνῃ, ἐὰν μὲν παῖδας καταλίπῃ θηλείας, σὺν ταύτῃσι, ἐὰν δὲ μή, τούτους κυρίους εἶναι τῶν χρημάτων· ἐὰν μὲν ἀδελφοὶ ὦσιν ὁμοπάτορες καὶ ἐὰν παῖδες ἐξ ἀδελφῶν γνήσιοι. τὴν τοῦ πατρὸς μοῖραν λαγχάνειν· ἐὰν δὲ μὴ ἀδελφοὶ ὦσιν ἢ ἀδελφῶν παῖδες, ἐξ αὐτῶν (τοὺς ἐξ αὐτῶν? oder ἀδελφὰς καὶ παῖδας ἐξ αὐτῶν, wie Meier de Andoc. V, p. 47?) κατὰ ταῦτα λαγχάνειν· κρατεῖν δὲ τοὺς ἄρρενας καὶ τοὺς ἐκ τῶν ἀρρένων, ἐὰν ἐκ τῶν αὐτῶν ὦσι, καὶ ἐὰν γένει ἀπωτέρω: vgl. auch §. 78, sowie Isaeus de Hagn. §. 1 und de Apollod. §. 20, wo zugleich die einzige Ausnahme von dem letzten Grundsatze: ἔστι δὲ νόμος, ὃς ἐὰν ἀδελφὸς ὁμοπάτωρ ἄπαις τελευτήσῃ καὶ μὴ διαθέμενος, τήν τε ἀδελφὴν ὁμοίως κἂν ἐξ ἑτέρας ἀδελφιδοῦς ἢ γεγονώς, ἰσομοίρους τῶν χρημάτων καθίστησι, doch sofort mit dem Zusatze: πατρώων μὲν οὖν καὶ ἀδελφοῦ χρημάτων τὸ ἴσον αὐτοῖς ὁ νόμος μετασχεῖν δίδωσιν, ἀνεψιοῦ δὲ καὶ εἴ τις ἔξω ταύτης τῆς συγγενείας ἐστὶν, οὐκ ἴσον, ἀλλὰ προτέροις τοῖς ἄρρεσι τῶν θηλειῶν τὴν ἀγχιστείαν πεποίηκε κ. τ. λ.

9) Ἐπὶ μέρει τινὶ τῶν κλήρου, ὥστε προῖκα ἔχειν, ἀδελφῶν αὐτῇ ὄντων, Harpocr. p. 114, Bekk. Anecdd. p. 256; vgl. oben §. 30, not. 18 f. und van Stegeren p. 134. Nur in diesem Sinne können auch Geschwister beiderlei Geschlechts zusammen κληρονόμοι heissen, wie Isocrat. Aegin. §. 9.

10) Gans S. 339 : „diesen liegt durchaus nicht der Begriff zu Grunde, dass sie selbst als Erbende auftreten, sondern dass sie mit dem Vermögen von den Collateralen ererbt werden", vgl. Demosth. c. Eubulid. §. 41: ἐπικλήρου κληρονομήσας εὐπόρου, und über das Rechtsverhältniss einer solchen ἐπίκληρος, oder wie sie dorisch hiess, ἐπιπαματίς (Hesych. I, p. 1374 [und Dens. s. v. παμῶχος· κύριος, sowie C. J. Gr. n. 5774, 167: παμωχεῖ, sowie in der neuen lokrischen Inschrift: γένος ἐξέπαμον Z. 16 und παματοφαγείσται Z. 4, bei Oekonomides: Ἐπούκια Λοκρῶν 1869. Athen., G. Curtius, Studien z. griech. u. lat. Grammat. 1869. S. 448.)], auch ἐπικληρῖτις oder πατροῦχος (Poll. III. 33, Ruhnken. ad Tim. p. 209) oben §. 57, not. 8 und St. A. §. 120, not. 4 fg. Dass dasselbe auch bei Charondas vorkam, zeigt Diodor XII. 18; mangelhafter ist Aristot. Politic. II. 9 über Androdamas von Rhegium; ganz eigentlich aber der Fall, wo ein Mädchen von Staatswegen ἐπίκληρος wird, bei Heracl. Pol. c. 32. [Plato Legg. XI. p. 924 d bezeichnet bei der Verheirathung von Erbtöchtern drei Punkte, worauf zu sehen ist: πρός τε τὴν τοῦ γένους ἀγχιστείαν καὶ τὴν τοῦ κλήρου σωτηρίαν, τὸ δὲ τρίτον ὅπερ ἂν πατὴρ διασκέψαιτο ἐξ ἁπάντων τῶν πολιτῶν βλέπων εἰς ἤθη τε ναὶ τρόπους τὸν ἐπιτήδειον αὐτῷ μὲν υἱόν, νυμφίων δ᾽ εἶναι τῇ θυγατρί. Vgl. auch Télfy, C. J. A. n. 1413—1421. Comment. p. 616 fg.]

11) Suidas I, p. 812: καλοῦνται δὲ ἐπίκληροι, κἂν δύο ὦσι, κἂν πλείους: vgl. Andoc. de Myster. §. 117—120, Isaeus de Ciron. §. 40, de Philoctem. §. 46, und den gegentheiligen Fall einer einzigen Erbtochter,

ἐπίκληρος ἐπὶ παντὶ τῷ οἴκω, bei dems. de Aristarch. §. 4. Wenn aber Schelling p. 108 die Erbtöchter selbst wieder mit den nächsten Seitenverwandten zur Hälfte theilen lässt, so ist das ein Missverständniss der obigen Worte (Note 8) σὺν ταύτῃσι, die vielmehr eben die Heirath der Töchter zur Bedingung der Erbschaft für die Seitenverwandten machen.

[In dem Process der Erbschaft des Aristarchos schwebt das Recht dieses Seitenverwandten, jederzeit die Ehe der ἐπίκληρος ohne Weiteres trennen und selbst sie heirathen zu können, als fortwährende Drohung gegen den Ehemann, der dadurch abgehalten wird die Ansprüche der Frau an den κλῆρος geltend zu machen, Isae. de Aristarch. §. 18, vgl. dazu Caillemer, Étud. V. p. 31.]

12) Für die Descendenten hat dieses gegen Bunsen schon Gans S. 351 fg. aus Isaeus de Ciron. §. 34 bewiesen: πάντες γὰρ ὑμεῖς τῶν πατρώων, τῶν παππώων, τῶν ἔτι περαιτέρω κληρονομεῖτε ἐκ γένους παρειληφότες τὴν ἀγχιστείαν ἀνεπίδικον: aber auch für die Seitenverwandten spricht das Gesetz in den Worten: καὶ ἐὰν παῖδες ὦσι, τὴν τοῦ πατρὸς μοῖραν λαγχάνειν, καὶ ἐὰν γίνει ἀπωτέρω, den Grundsatz des Repräsentationsrechts aus, welchen auf einzelne Classen oder Glieder zu beschränken in dem Worte παῖδες kein Grund liegt; s. Zeitschr. f. d. Alt. 1840, S. 37 fg. und das. S. 49 fg. gegen die Beschräukung dieses Rechts auf die Nachkommen von Söhnen bei Bunsen p. 19 und de Boor S. 29 fg. [sowie E. Schneider, de jure hereditario Atheniensium, Monach. 1851. 8. Ein wahres Zeichen der καχεξία der Boeoter unter Opheltas im 3. Jahrh. v. Chr. findet Polybios neben einem fast völligen Stillstand der δικαιοδοσία, der Rechtspflege in dem Aufhören aller Sorge für geordnete Erbschaft: ζῆλος οὐκ εὐτυχής· οἱ μὲν γὰρ ἄτεκνοι τὰς οὐσίας οὐ τοῖς κατὰ γένος ἐπιγενομένοις τελευτῶντες ἀπέλειπον, ὅπερ ἦν ἔθος παρ' αὐτοῖς πρότερον ἀλλ' εἰς εὐωχίας καὶ μέθας διετίθεντο καὶ κοινὰς τοῖς φίλοις ἐποίουν· πολλοὶ δὲ καὶ τῶν ἐχόντων γενεὰς ἀπεμέριζον τοῖς συσσιτίοις τὸ πλεῖον μέρος τῆς οὐσίας — Polyb. XX. 6.]

13) *Μέχρι ἀνεψιῶν παίδων*, s. Demosth. adv. Macart. §. 27 und Isaeus de Hagn. §. 9 fgg., der aber gleichfalls nicht berechtigt, παῖδες nur auf die Söhne, nicht auf die weiteren Nachkommen der ἀνεψιοί zu beziehen; vgl. de Pyrrh. §. 72 u. Plat. Legg. XI, p. 925A, aus welcher Stelle ich zugleich Compar. jur. domest. p. 26 die Bestätigung der Ansicht Schömanns entnommen habe, dass jene Formel die consobrinorum filios, nicht die sobrinos bezeichne; vgl. Prooem. lectt. Gryph. 1830 (Jahn, Jahrb. XIII, S. 115) und A. L. Z. 1840, E. Bl. S. 534; auch Schelling S. 122.

14) Demosth adv. Macart. §. 31: ἐὰν δὲ μὴ ὦσι πρὸς πατρὸς μέχρι ἀνεψιαδῶν (ἀνεψιῶν?) παίδων, τοὺς πρὸς μητρὸς τοῦ ἀνδρὸς κατὰ ταὐτὰ κυρίους εἶναι· ἐὰν δὲ μηδετέρωθεν ᾖ ἐντὸς τούτων, τὸν πρὸς πατρὸς ἐγγυτάτω κύριον εἶναι: vgl. Isaeus de Apollod. §. 22: ἐὰν μὴ ὦσιν ἀνεψιοὶ μηδ' ἀνεψιῶν παῖδες μηδὲ τοῦ πρὸς πατρὸς γενομένου ᾖ προσήκων μηδείς, τότε ἀπέδωκε τοῖς πρὸς μητρὸς, διορίσας οὓς δεῖ κρατεῖν.

15) So Gans S. 376, van Stegeren p. 119, de Boor S. 56, Franke a. a. O. S. 743.

16) Wie Bunsen p. 36, der das Erbrecht geradezu mit der ἀγχιστεία abschliesst; s. dagegen Gans S. 350 und Klenze, über die Cognaten und Affinen in Zeitschr. f. geschichtl. Rechtswiss. VI, S. 138 fg.

17) Vgl. Theon Progymn. c. 13. §. 10: ἀμφισβητήσειε γὰρ ἂν καὶ ἡ μήτηρ, ὡς εἰ τοὺς πρὸς μητρὸς νόμος κληρονομεῖν καλεῖ, πολὺ πρότερον αὐτὴν τὴν μητέρα καλοίη, mit den Erörterungen von Jones p. 183, Gans S. 371. Schömann S. 542, die sie verwerfen, während Bunsen p. 21 fg., de Boor S. 68 fg., Schelling S. 123 fg. sie insbes. nach Isaeus de Hagn. §. 30 in Schutz nehmen.

18) Vgl. das Gesetz des Pittakus bei Theon l. c. §. 8: νέμεσθαι πατέρα καὶ μητέρα τὴν ἴσην, und Demosth. c. Leochar. §. 26. 33 mit Schelling p. 110 fg., der nur nach der anderen Seite wieder zu weit geht.

19) Vgl. Isaeus de Pyrrhi her. §. 64 mit m. Compar. jur. domest. p. 30 und Demosth. adv. Steph. I, §. 75. wo solche sogar Stiefoheimen beigelegt werden; auch Hüllmann, Denkwürdigk. S. 33 fg.

20) Vgl. de Boor S. 47 fgg. und Schömann, de hereditate filii, qui sine liberis, patre superstite, intestatus obiit, im Prooem. lectt. Gryphisw. 1842—43. [A. Giraud in Revue de législation et de jurisprudenc. XVI. 1842. p. 118 und Cauvet in Revue de législation 1845. III. p. 454 lassen den Vater, den Bruder, den Grossvater, den väterlichen Oheim, den Urgrossvater, den Grossoheim vorausgehen, die Mutter dann erst nach der Descendenz dieser unter Beschränkungen eintreten; auch Maurocordato p. 26 spricht dies aus, die angezogene Stelle Demosth. in Macart. §. 51: ἐὰν δ' ἀδελφοὶ ὦσιν ὁμοπάτορες καὶ ἐὰν παῖδες ἐξ ἀδελφῶν γνήσιοι, τὴν τοῦ πατρὸς μοῖραν λαγχάνειν setzt dies mehr voraus, als dass es dasselbe direkt ausspricht. Die auf dem gleichen Grade der Nähe zum Stammhaupt und zugleich auf dem Vorgange des männlichen Geschlechtes beruhende ἀγχιστεία in der Erbfolge resp. Anrecht an der ἐπίκληρος spricht Plato bestimmt aus Legg. XI. p. 924. 925. wenn er sich folgen lässt: Bruder d. h. ἀδελφὸς ὁμοπάτωρ, dann ὁμομήτριος, dann Brudersohn, dann Schwestersohn, dann Vaters Bruder, dann Vaters Brudersohn, dann Vaters Schwestersohn und so fort κατ' ἀγχιστείαν — δι' ἀδελφῶν τε καὶ ἀδελφιδῶν ἐπανιὸν ἐμπροσθε μὲν τῶν ἀῤῥένων ὕστερον δὲ θηλειῶν ἐπὶ γένει. Ebenso im weiblichen Theil Schwester, Bruder's Tochter, Schwestertochter, Vaters Schwester, Vaters Brudertochter, Vaters Schwestertochter.]

§. 65.

Was dagegen die freie Verfügung eines Erblassers über sein Vermögen betrifft, so war diese in Athen erst durch Solon

eingeführt ¹) und scheint anderswo noch ungleich länger gesetzlich unzulässig gewesen zu sein ²), [jedoch mit der Zeit unter
Athens Einfluss überall Eingang gefunden zu haben], obgleich
uns gerade aus dorischen Staaten auch ziemlich alte Beispiele
unbedingter Erbeinsetzungen vorliegen. ³) [Auch die platonische
Gesetzgebung hob bei ihrem auf das Ganze, den Staat gerichteten Blick das Testiren nicht auf, sondern gab, um Missbrauch
zu verhüten, sehr eingehende Verordnungen. ⁴)] In Athen war
dasselbe nicht allein an die Voraussetzung geknüpft, dass der
Erblasser [im rechtlich unbestrittenen Besitze sich befand und
keinerlei Rechenschaftsablegung unterlag ⁵)] und dass er keine
leiblichen Söhne hatte ⁶), sondern konnte auch selbst nur unter
der Form gleichzeitiger Adoption ⁷) oder, wenn jener Töchter
hinterliess, der Verheirathung mit diesen geschehen. ⁸) [Man
zog zur möglichsten Sicherung gegen späteres Anfechten des
Testamentes bei der Abfassung desselben Verwandte, Phrato-
ren, endlich Bekannte zu, machte sie wenigstens zu Zeugen
des formalen Abschlusses und Uebergabe der verschlossenen
Schrift bei dem Archonten. Aufhebung eines Testamentes oder
Veränderung oder Anfügen von Anhängen war unter Wahrung
der rechtlichen Formen gestattet. ⁹)] Nur Legate wurden auf
letztwilligem Wege auch an Fremde ertheilt ¹⁰), fielen aber eben
desshalb lediglich unter den Gesichtspunkt der Schenkungen,
um die sich, namentlich insoweit sie in Geld oder fahrender
Habe bestanden, [und unter dem Betrag des übrigbleibenden
Erbtheiles in seiner Gesammtheit, auch die Mitgift eingerechnet
blieben], die griechische Gesetzgebung nicht weiter bekümmerte,
als wo sie als active oder passive Bestechung strafbar wurden. ¹¹) Selbst Geschenke zu frommen Zwecken scheinen ohne
weitere rechtliche Formen lediglich in der Art geschehen zu
sein, wie man überhaupt Weihen und Stiftungen gottesdienst-
licher Gegenstände vornahm ¹²); und der einzige privatrechtliche
Gesichtspunkt, worunter Schenkungen unter Lebenden etwa
fallen konnten, war der eines ἔρανος oder einer Unterstützung,
die als unverzinsliches Darlehen betrachtet den Beschenkten
wenigstens nach Kräften und in vorkommenden Fällen zur
Rückerstattung verpflichtete. ¹³) Auch die Mitgiften gehören

nur uneigentlich hierher, theils weil sie doch nur das fehlende
Intestaterbrecht der Frau vertraten und, obschon sich ein Klage-
recht darauf nicht nachweisen lässt, durch die Sitte auf einen
verhältnissmässigen Theil des Familienvermögens angewiesen
waren [14]), theils aber weil sie auch dem Manne nur den Niess-
brauch verliehen, den er verlor, wenn die Frau kinderlos starb
oder die Ehe nicht vollzogen oder durch Scheidung getrennt
ward. [15]) Ja mitunter erhielt er sogar das Capital gar nicht
in die Hand oder wenigstens erst nach des Schwiegervaters [16])
Tode, wie es denn auch auf die Kinder nach Maassgabe der
mütterlichen Abstammung überging. [17]) So bleibt also nur die
Adoption als eine förmliche Schenkung auf den Todesfall übrig,
wobei es dann auch keinen wesentlichen Unterschied machte,
ob sie längere oder kürzere Zeit vor dem Tode des Adopti-
renden [18]), ja selbst, wie dieses zur Aufrechthaltung des Hauses bisweilen geschah, nach demselben von Seiten der Ver-
wandtschaft stattgehabt hatte. [19]) Die Hauptsache war, dass
der Adoptirte im Hause seines Erblassers Leibeserben hinterliess, wesshalb er auch nicht selbst wieder testiren [20]) noch
ohne diese Bedingung erfüllt zu haben in das Haus und Erbe
seines leiblichen Vaters zurückkehren durfte. [21]) Dagegen ward
die einmal geschehene Adoption nicht rückgängig, wenn auch
.Adoptirenden später noch Leibeserben geboren wurden,
denn dem griechischen Erbrechte die Regel: *nemo a parte
testatus, a parte intestatus decedere potest*, ganz fremd ist [22]);
auch Adoption weiblicher Personen kommt vor [23]), und selbst
wer Kinder hatte, durfte für den Fall, dass diese vor er-
reichter Mündigkeit starben, letztwillige Verfügungen tref-
fen. [24]) Die Wahl endlich war vollkommen frei [25]), und wenn
es gleich in den meisten Fällen üblich und den Familienrück-
sichten gemäss war, den Rechtsnachfolger aus dem Kreise der
engeren Verwandten selbst zu nehmen [26]), so konnte ein Testament doch nur insofern angefochten werden, als es unter dem
Einflusse von Geistesschwäche oder unter physischem oder mora-
lischem Zwange entstanden war. [27])

1) Plut. V. Solon. c. 21: εὐδοκίμησε δὲ κἀν τῷ περὶ διαθηκῶν
νόμῳ· πρότερον γὰρ οὐκ ἐξῆν, ἀλλ' ἐν τῷ γένει τοῦ τεθνηκότος ἔδει τὰ
χρήματα καὶ τὸν οἶκον καταμένειν· ὁ δ' ᾧ βούλεταί τις ἐπιτρέψας, εἰ

μὴ παῖδες εἶεν αὐτῷ, δοῦναι τὰ αὑτοῦ, φιλίαν τε συγγενείας ἐτίμησε μᾶλλον καὶ χάριν ἀνάγκης, καὶ τὰ χρήματα κτήματα τῶν ἐχόντων ἐποίησεν: vgl. Schelling p. 128 und Eug. Schneider, de jure hereditario Atheniensium, Monach. 1851. 8., p. 26 sqq. [sowie Becker, Char. I, S. 290 ff., Neuste Arbeit von Exap. Caillemer, le Droit de tester à Athènes in Mémoires et Notices de l'Association pour l'encouragement des études grecques en France 1869. p. 19—39. Vgl. auch Télfy, C. J. A. n. 1399 —1412 c. comment. p. 613 ff.]

2) Aristot. Politic. V. 7. 12: καὶ τὰς κληρονομίας μὴ κατὰ δόσιν εἶναι ἀλλὰ κατὰ γένος, μηδὲ πλειόνων ἢ μιᾶς τὸν αὐτὸν κληρονομεῖν. In Sparta führte es Epitadeus ein, s. St. A. §. 48, not. 12; nach Aegina, Siphnus n. s. w. bei Isocr. Aegin. §. 12. 13 war es wahrscheinlich erst aus Athen gekommen; doch gehören dahin auch die thebanischen νόμοι Θετικοὶ des Philolaus bei Aristot. Polit. II. 9. 7, obgleich damit zunächst der beschränktere Zweck verbunden war: ὅπως ὁ ἀριθμὸς σώζηται τῶν κλήρων, vgl. §. 63, not. 9. [Isocr. Aegin. §. 50 nennt es νόμον ὃς δοκεῖ τοῖς Ἕλλησιν ἅπασι καλῶς κεῖσθαι· τεκμήριον δὲ μέγιστον· περὶ γὰρ ἄλλων πολλῶν διαφερόμενοι περὶ τούτων ταῦτα γιγνώσκουσιν.]

3) Vgl. C. Inscr. n. 4: Θεός· τύχα· Σαώτις δίδωτι Σικαινίᾳ τὰν Φοικίαν καὶ τἆλλα πάντα, und die ähnliche Urkunde aus Korcyra das. n. 1850, wo ich auch nicht glaube, dass die Schlussworte τὰν ἐν κνισι zu τὰν γᾶν heraufzuziehen sind. [Aeltestes mythisches Testament das des dorischen Herakles in Trachis παλαιὰν δίλτον ἐγγεγραμμένην, ξυνθήματα Soph. Trachin. 157: νῦν δ' ὡς ἔτ' οὐκ ὢν εἶπε μὲν λέχους ὅτι χρείη μ' ἑλέσθαι κτῆσιν, εἶπε δ' ἣν τέκνοις μοῖραν πατρῴας γῆς διαιρετὴν νέμοι 161 ff. Testamente Demosth. c. Stob. I. §. 28, c. Schol. I. §. 42, Isac. de Philoctem. hered. §. 7 und die Testamente von Philosophen bei Diogenes Laertius, die Menippos in seinen Διαθήκαι scherzhaft behandelt hatte (Diog. Laert. VI. 99 ff., vgl. Ter. Varronis Sat. Menipp. rell. ed. A. Riese p. 10. 228). Eingangsformel meist: ἔσται μὲν εὖ· ἐὰν δέ τι συμβαίνῃ, τάδε διατίθεμαι Diog. Laert. V. 11. 51. Schlussformel mit ἀραὶ gegen die Zuwiderhandelnden Demosth. pro Phorm. §. 52 mit G. A. §. 9, not. 10. Worin bestand das genus testamenti, quod dicitur physicon, in quo Graeci belliores quam Romani nostri Varro Sat. Menipp. 6 bei Non. Marc. p. 77, 27, Varro Sat. Menipp. rell. ed. A. Riese p. 229?]

[4) Plato Legg. XI. p 923: ἐγὼγ' οὖν νομοθέτης ὢν οὔθ' ὑμᾶς ὑμῶν αὐτῶν εἶναι τίθημι οὔτε τὴν οὐσίαν ταύτην· ξύμπαντος δὲ τοῦ γένους ὑμῶν τοῦ τε ἔμπροσθεν καὶ τοῦ ἔπειτα ἐσομένου καὶ ἔτι μᾶλλον τῆς πόλεως εἶναι τό τε γένος πᾶν καὶ τὴν οὐσίαν· καὶ οὕτω τούτων ἐχόντων οὐκ ἐάν τις ὑμᾶς θωπείαις ὑπολαβὼν ἐν νόσοις ἢ γήρᾳ σαλεύοντας παρὰ τὸ βέλτιστον διατίθεσθαι πείθῃ, ξυγχωρήσομαι ἑκὼν ὅτι δὲ τῇ πόλει τε ἄριστον πάσῃ καὶ γένει. πρὸς τοῦτο βλέπων νομοθετήσω πᾶν, τὸ ἑνὸς ἑκάστου κατατιθεὶς ἐν μοίραις ἐλάττοσι δικαίως. Folgen dann die genauen Bestimmungen über ὅς ἂν διαϑήκην γράφῃ τὰ αὑτοῦ διατιϑέμενος, weiter im Gegensatz dazu: ὃς δ᾽ ἂν μηδὲν τὸ παράπαν διαϑέμενος ἀποϑάνῃ.] [5) Πάλιν ὑπεύϑυνον οὐκ ἐᾷ — οὐδὲ διαϑέσϑαι τὰ ἑαυτοῦ (ὁ νομοϑέτης) Aeschin. in Ctesiph. §. 21. Τῷ μὴ δικαίως ἔχοντι οὐδὲ διατίϑεσϑαι περὶ αὑτῶν προσῆκαν Isae. de Arist. hered. §. 8. Selbatverständlich war: παιδὸς οὐκ ἔξεστι διαϑήκην γενέσϑαι Isae. l. c. §. 9.] 6) Isaeus de Philoct. §. 28: τοῖς γὰρ φύσει υἱέσιν αὑτοῦ οὐδεὶς οὐδενὶ ἐν διαϑήκῃ γράφει δόσιν οὐδεμίαν, διότι ὁ νόμος αὑτὸς ἀποδίδωσι τῷ υἱεῖ τὰ τοῦ πατρὸς καὶ οὐδὲ διαϑέσϑαι ἐᾷ, ὅτῳ ἂν ὦσι παῖδες γνήσιοι: vgl. das. §. 9 und Demosth. adv. Stephan. II, §. 14.

7) Poll. III. 21: εἰσποιητὸς δὲ καὶ ϑετὸς, ὃν ἄν τις οὐ γεννήσας ἀλλ᾽ ἑλόμενος ἐπὶ τοῖς χρήμασιν ἐποιήσατο, ὥσπερ ἐκποιητὸς ὁ ἀποπεμφϑεὶς εἰς γένος ἄλλης οἰκίας: Beispiele Isaeus de Mencel. 11, de Apollod. init., vgl. Bunsen S. 55 fgg. und Gans S. 383, auch Meier, Process S. 435—442, de Boor p. 84 ff. und Blanchard, sur les loix, qui autorisoient les adoptions à Athènes, in Hist. des l'A. de Inscr. XII, p. 68 fg., [sowie Télfy, C. J. A. n. 1422—1436. Comment. p. 617 f.] 8) Isaeus de Pyrrhi her. §. 68: ὁ γὰρ νόμος διαρρήδην λέγει ἐξεῖναι διαϑέσϑαι ὅπως ἂν ἐϑέλῃ τις τὰ αὑτοῦ, ἐὰν μὴ παῖδας γνησίους καταλίπῃ ἄρρενας, ἂν δὲ ϑηλείας καταλίπῃ, σὺν ταύταις᾽ οὐκοῦν μετὰ τῶν ϑυγατέρων ἐστι δοῦναι καὶ διαϑέσϑαι τὰ αὑτοῦ, ἄνευ δὲ τῶν γνησίων ϑυγατέρων οὐχ οἷόν τε οὔτε ποιήσασϑαι οὔτε δοῦναι οὐδενὶ οὐδὲν τῶν ἑαυτοῦ: Demosth. in Stephan. II. §. 14, vgl. van Stegeren, de condit. civ. fem. p. 91.

[9) Isaeus de Astyph. hered. §. 7: εἰκὸς — σκοπεῖσϑαι ὅπως κυριώτατα ἔσται ἃ ἂν διαϑῆται — ἅπαντα δὲ ταῦτα μάλιστ᾽ ἂν εἰδέναι, ὅτι γένοιτο εἰ μὴ ἄνευ τῶν οἰκείων τῶν ἑαυτοῦ τὰς διαϑήκας ποιοῖτο, ἀλλὰ πρῶτον μὲν συγγενεῖς παρακαλέσας, ἔπειτα δὲ φράτορας καὶ δημότας, ἔπειτα τῶν ἄλλων ἐπιτηδείων ὅσους δύναιτο πλείστους; οὕτω γὰρ εἴτε κατὰ γένος εἴτε κατὰ δόσιν ἀμφισβητοίη τις, ῥᾳδίως ἂν ἐλέγχοιτο ψευδόμενος. Isae. de Nicostr. hered. §. 13: τῶν διατιϑεμένων οἱ πολλοὶ οὐδὲ λέγουσι τοῖς παραγινομένοις ὅτι διατίϑενται ἀλλ᾽ αὐτοῦ μόνου τοῦ καταλιπεῖν διαϑήκας μάρτυρας παρίστανται, τοῦ δὲ συμβαίνοντός ἐστι καὶ γραμματεῖον ἀλλαγῆναι καὶ τἀναντία ταῖς τοῦ τεϑνεῶτος διαϑήκαις μεταγραφῆναι· οὐδὲν γὰρ μᾶλλον οἱ μάρτυρες εἴσονται εἰ ἐφ᾽ αἷς ἐκλήϑησαν διαϑήκαις αὗται ἀποφαίνοντο. Gegen dies Letzte sollte schützen, dass das γραμματεῖον in ein Gefäss (ἐχῖνος) gethan und versiegelt übergeben wurde, ἵν᾽ ἐκ τῆς ἀληϑείας καὶ τοῦ τὰ σημεῖα ἰδεῖν οἱ δικασταὶ τὸ πρᾶγμα γνῶσι Demosth. in Steph. I. §. 18. Ἀνελεῖν διαϑήκην = das Testament aufheben geschieht vor dem Archont, dessen Paredroi und vor Zeugen mit der Erklärung, ὡς οὐκέτ᾽ αὐτῷ κέοιτο ἡ διαϑήκη Isae. de Philoct. her. §. 32, es ist erlaubt προσγράφειν τι zu dem vom Archonten dazu erhaltenen γραμματεῖον oder in einem andern γραμματεῖον

Isae. de Cleonym. hered. §. 25. Abschriften (ἀντίγραφα) werden von Testamenten nicht gemacht, wie von Verträgen: τούτου γὰρ ἕνεκα καταλείπουσιν οἱ διατιθέμενοι, ἵνα μηδεὶς εἰδῇ ἃ διατίθενται (Demosth. in Steph. II. §. 27.]

10) Δωρεαί, Demosth. pro Phano §. 44, im Gegensatz von δόσις, was testamentarische Erbeinsetzung überhaupt bedeutet; vgl. Schömann ad Isaeum p. 250, der aber allerdings auch Legate läugnete, wo Söhne dagewesen seien, sowie Gneist, formelle Verträge. Berlin 1845. S. 445 ff., und die Beispiele von Testamenten bei Demosth. adv. Aph. I. §. 43, adv. Stephan. I, §. 28, und Diodor. L. V. 12 u. 51. [Die häufigen δωρεαί zu Gunsten der νόθοι, die meist meist wohl von Hand zu Hand (διὰ χειρός) gingen, aber auch testamentarisch geschahen, durften tausend Drachmen nicht übersteigen, s. Suidas s. v. ἐπίκληρος, Harpocr. s. v. νοθεία, dazu Brandes, Hallesche Encyk. Sect. I. Bd. 83. S. 82. Solche von Seiten einer Frau trotz obiger (§. 57 not. 4) Beschränkung kommen vor von 2000 Drachmen Demosth. pro Phorm. 14. Die Frage nach der Gränze der δωρεαί zunächst gegeben im Gegensatz von baarem Geld und überhaupt der οὐσία ἀφανής zum Grundeigenthum und zur οὐσία φανερά, Isae. de Philoct. hered. 30. 34, dann in der Höhe der Summe nach Demosth. in Aphob. III. 44. 45: ὅστις γὰρ ἀπὸ τῶν ὄντων τέτταρα τάλαντα καὶ τρισχιλίας προῖκα καὶ δωρεὰν ἔδωκε, φανερὸν ἦν ὅτι οὐκ ἀπὸ μικρᾶς οὐσίας, ἀλλὰ πλέον ἢ διπλασίας ἧς ἐμοὶ κατέλιπε ταῦτ' ἀφεῖλε· οὐ γὰρ ἂν ἐδόκει τὸν μὲν υἱὸν ἐμὲ πένητα βούλεσθαι καταστῆσαι, τούτους δὲ πλουσίους ὄντας ἔτι πλουσιωτέρους ποιῆσαι ἐπιθυμεῖν, s. dazu Caillemer, le Droit de tester p. 38.]

11) Poll. VIII. 42: δώρων δὲ κατὰ τοῦ ἐπὶ δώροις δικάσαντος ἦν ἡ γραφή, δεκασμοῦ δὲ κατὰ τοῦ διαφθείραντος· καὶ ὁ μὲν δεκάζειν, ὁ δὲ δεκάζεσθαι ἐλέγετο: vgl. Dinarch. c. Demosth. §. 60, Demosth. in Mid. §. 113 u. mehr bei Meier S. 351 oder Platner, Process II. S. 155 fg.

12) Ἀναθήματα, s. G. A. §. 20, not. 8 und §. 24, not. 2 fg. Freilich auch letztwillig, wie C. Inscr. I, p. 856 und die Stiftung der Epikteta das. II, p. 361 fg.; oder vertragsmässig mit Bedingungen, wie II, p. 211 f., daher στήλη φύλαξ τῆς δωρεᾶς, Plut. V. Nic. c. 3.

13) Demosth. c. Nicostr. §. 9: ἀπεκριναμην αὐτῷ, ὅτι χιλίας δραχμὰς ἔρανον αὐτῷ εἰς τὰ λύτρα εἰσοίσομι ... καὶ τοῦτο ἔδωκα δωρεὰν αὐτῷ τὸ ἀργύριον καὶ ὁμολογῶ δεδωκέναι: vgl. Plat. Legg. XI, p. 915 E und Ath. XIII. 55, sowie die Inschrift Ross, Inscr. ined. fasc. II. p. 18: τὸ κοινὸν τῶν ἐρανιστῶν, οἷς mit Casaub. ad Theophr. Char. 15 dazu Wachsmuth, hell. Alterth. II. S. 185 und unten §. 69, not. 10.

14) S. oben §. 30, not. 14 mit Böckh, Staatsh. N. A. S. 666 und den kretischen Brauch bei Strabo X, p. 482: φερνὴ δ' ἐστίν, ἐὰν ἀδελφοὶ ὦσι, τὸ ἥμισυ τῆς τοῦ ἀδελφοῦ μερίδος. Anders freilich, wenn eine Frau von ihrem Ehemanne testamentarisch ausgestattet wird, wie bei Demosth. adv. Stephan. I. §. 28.

15) Isaeus de Pyrrhi her. §. 36: τί γὰρ ἔμελλεν ὄφελος εἶναι τῆς ἐγγύης, εἰ ἐπὶ τῷ ἐγγυησαμένῳ ἐκπέμψαι ὁπότε βούλοιτο τὴν γυναῖκα ἦν; ἦν δ᾽ ἂν ἐπ᾽ ἐκείνῳ δηλονότι, εἰ μηδεμίαν προῖκα διωμολογήσατο ἔξειν ἐπ᾽ αὐτῇ· εἴτ᾽ ἐπὶ τούτοις ἂν ἐνεγύησε τῷ ἡμετέρῳ θείῳ τὴν ἀδελφήν; καὶ ταῦτα εἰδὼς τὸν ἅπαντα χρόνον ἄτοκον οὖσαν αὐτὴν καὶ τῆς ὁμολογηθείσης προικὸς ἐκ τῶν νόμων γινομένης εἰς αὐτὸν, εἴ τι ἔπαθεν ἡ γυνή, πρὶν γενέσθαι παῖδας αὐτῇ; vgl. Demosth. adv. Aph. I. §. 17: μὴ γήμαντος δ᾽ αὐτοῦ τὴν μητέρα τὴν ἐμὴν ὁ μὲν νόμος κελεύει τὴν προῖκα ὀφείλειν ἐπ᾽ ἐννέα ὀβολοῖς, und über dieses Rechtsverhältniss mehr bei Meier Proc. S. 420 oder Platner II, S. 260 fg. und oben §. 30, 𝔮, not. 18; über den Rückfall der προὶξ bei Confiscationen aber Meier, de bonis damn. p. 220. [Zur ganzen Frage s. Exup. Caillemer, la restitution de la dot à Athènes Études sur les antiquit. jurid. d'Athènes. V. Paris, Grenoble 1867; Compte rendu des séances de l'année 1866. p. 375—379: scharfsinnig wird die προῖξ oder τὰ ἐν τῇ προικὶ τετιμημένα geschieden in fungible und nicht fungible Dinge, jene werden im Werth ausgeglichen durch anderes, diese *in natura* zurückgegeben; ferner werden vier Fälle des Rechts die *dos* zurückzuverlangen von Seiten der Frau angegeben: natürlicher Tod, bürgerlicher Tod, Confiskation des Vermögens des Mannes, Ehescheidung (p. 17), zugleich die Processformen der προικὸς δίκη, der σίτου δίκη, des ἐνεπίσκημμα, der δίκη ἀπογραφῆς, beides der Confiskation gegenüber endlich des ἀποτίμημα erörtert, d. h. Klage auf Erhaltung der Mutter gegen die Erben, die im Besitze der *dos* stehen. Von der προῖξ noch unterschieden τὰ μὴ ἐν προικὶ τετιμημένα, τὰ παράφερνα, über welche die Frau immer freie Disposition behielt.]

16) Demosth. c. Onetor. I, §. 10: ὀφείλειν εἴλοντο μᾶλλον ἢ καταμῖξαι τὴν προῖκα εἰς τὴν οὐσίαν τοῦ Ἀφόβου: c. 8pud. §. 5: τὴν προῖκα οὐ κομισάμενος ἅπασαν, ἀλλ᾽ ὑπολειφθεισῶν χιλίων δραχμῶν καὶ ὁμολογηθεισῶν ἀπολαβεῖν, ὅταν Πολύευκτος ἀποθάνῃ.

17) Vgl. Demosth. c. Boeotum de dote bes. §. 50. 51: ὡς ἐγὼ μὲν καὶ ἐτράφην καὶ ἐπαιδεύθην καὶ ἔγημα ἐν τῇ τοῦ πατρὸς οἰκίᾳ, αὐτὸς δ᾽ οὐδενὸς τούτων μετέσχεν· ὑμεῖς δ᾽ ἐνθυμεῖσθ᾽ ὅτι ἐμὲ μὲν ἡ μήτηρ παῖδα καταλιποῦσα ἐτελεύτησεν, ὥστε μοι ἱκανὸν ἦν ἀπὸ τοῦ τόκου τῆς προικὸς καὶ τρέφεσθαι καὶ παιδεύεσθαι und über den Eintritt dieses Rechts bereits bei Lebzeiten des Vaters Isaeus de Ciron. §. 31; ja dass auch die Adoption nichts darin änderte, dens. de Apollod. §. 25: μητρὸς δ᾽ οὐδείς ἐστιν ἐκποιητός.

18) Der einzige Unterschied bei Isaeus de Apollod. §. 1 und de Menecl. §. 14 liegt darin, dass eine Adoption bei gesundem Zustande zugleich mit der Einführung des Adoptirten in die Phratrie (St. A. §. 99, not. 15, G. A. §. 48, not. 12) und dem dabei stattfindenden Opfer, sowie der Einzeichnung in das φρατρικὸν γραμματεῖον im Monat Thargelion verbunden werden konnte und diesen dadurch bei dem Antritte der Erbschaft gerichtlicher Weiterungen überhob: ᾤμην μὲν προσήκειν οὐ

τὰς τοιαύτας ἀμφισβητεῖσθαι ποιήσεις, εἴ τις αὐτὸς ζῶν καὶ εὖ φρονῶν
ἐποιήσατο καὶ ἐπὶ τὰ ἱερὰ ἀγαγών εἰς τοὺς συγγενεῖς ἀπέδειξε καὶ εἰς
τὰ κοινὰ γραμματεῖα ἐνέγραψεν. ἄπανθ' ὅσα προσῆκεν αὐτὸς ποιήσας,
ἀλλ' εἴ τις τελευτήσειν μέλλων διέθετο, εἴτι πάθοι, τὴν οὐσίαν ἑτέρῳ,
καὶ τοῦτ' ἐν γράμμασι κατέθετο παρά τισι σημηνάμενος: obgleich aber
derselbe hier das ποιησάμενον εἰσάγειν εἰς τοὺς φράτορας den διαθήκαις
ᾶς τις μέλλων ἀποθνήσκειν γράψη entgegensetzt, so sagt er doch wieder de Aristarch. §. 9: ὅτι κατὰ διαθήκας αἱ εἰσαγωγαὶ τῶν εἰσποιήτων
γίγνονται, διδόντων τε αὐτῶν καὶ υἱεῖς ποιουμένων, ἄλλως δὲ οὐκ ἔξεστιν, so dass auch die Adoption bei Lebzeiten als διαθήκη oder Verfügung betrachtet wurde, und bei der Häufigkeit, mit welcher die υἱο-
θεσία uns nicht allein in Athen, sondern auch anderswo (Ross, Inscr.
ined. III. p. 25 und in Ritschls Rh. Museum IV, S. 190, Keil, zwei gr.
Inschr. S. 18 und Allg. Lit. Zeit. 1849, S. 748) begegnet, wird schwer
zu unterscheiden sein, welche von beiden Arten überall vorgeherrscht
habe.

19) Demosth. c. Leochar. §. 43: ἐκ τῶν κατὰ γένος ἐγγυτάτω ἡμῖν
εἰσποιεῖν υἱὸν τῷ τετελευτηκότι, ὅπως ἂν ὁ οἶκος μὴ ἐξερημωθῇ: vgl.
Isaeus de Apollod. §. 31, de Hagn. §. 49.

20) Das. §. 68: τοῖς δέ γε ποιηθεῖσιν οὐκ ἐξὸν διαθέσθαι, ἀλλὰ
ζῶντας ἐγκαταλιπόντας υἱὸν γνήσιον ἐπανιέναι, ἢ τελευτήσαντας ἀποδιδόναι τὴν κληρονομίαν τοῖς ἐξ ἀρχῆς οἰκείοις οὖσι τοῦ ποιησαμένου:
vgl. Platner, Beiträge zum att. Rechte S. 135 fg., [Beels Diatribe in Demosth. orat. I et II in Stephan. Lugd. Batav. 1826. p. 59 ff., Caillemer
l. c. p. 24 fg. Ganz entsprechend in dem staatsrechtlichen Verhältniss
der ἐπιοικία, dass der ἐπίοικος z. B. in Naupaktos nur es freiwillig ver-
lassen kann: καταλείποντα ἐν τᾷ ἑστίᾳ παῖδα ἡβατὰν ἠδελφεόν s. neue
lokrische Inschrift in Ἐπούκια Λοκρῶν ἐπιγράμματα ὑπὸ Ι. Ν. Οἰκονο-
μίδου ἐκδοθέντα. Ath. 1869. Z. 7.]

21) Harpocr. p. 222: ὅτι οἱ ποιητοὶ παῖδες ἐπανελθεῖν εἰς τὸν πα-
τρῷον οἶκον οὐκ ἦσαν κύριοι, εἰ μὴ παῖδας γνησίους καταλίποιεν ἐν τῷ
οἴκῳ τοῦ ποιησαμένου Ἀντιφῶν ἐπιτροπικῇ Καλλιστράτου καὶ Σόλων
ἐν εἰκοστῇ πρώτῃ τῶν νόμων. Dass übrigens mit einer solchen Rückkehr der Verlust des durch die Adoption erlangten Vermögens verwirkt
gewesen, läugnet die Rede adv. Theocrin. §. 31: οὐδενὶ γὰρ πώποτε, ὦ
ἄνδρες δικασταὶ, τοῦτο τῶν εἰσποιηθέντων συνέβη. und ebenso zweifelhaft ist es nach Demosth. adv. Macart. §. 77 und adv. Phaenipp. §. 21,
ob der Adoptirte auf das Erbe seines leiblichen Vaters habe verzichten
müssen. [Brachte der Adoptirte bereits eigenes Vermögen mit herein,
so fällt dies dem Adoptivvater zu, aber bei der Lösung dieses Verhält-
nisses (ἐκχωρεῖν) kann eine Zurückgabe auf gerichtlichem Wege verlangt,
wenigstens durch ein Abkommen (διαλύεσθαι) erreicht werden Demosth.
in Synd. §. 4; als Recht sehen dies an: Bunsen, de jure heredit. p. 59,
Schneider, de jure heredit. p. 29, Boissonade, de la reserve héréditaire

chez les Athén. Paris 1867. p. 9, dagegen Caillemer l. c. p. 25. Gegen
den im Text ausgesprochenen zweifelhaften Stand der Rechtsfrage erklärt sich mit Bestimmtheit Caillemer l. c. p. 28 f. gestützt auf die ausdrückliche Erklärung Isac. de Astyphil. hered. 33: οὐδεὶς γὰρ πώποτε
ἐκποίητος γενόμενος ἐκληρονόμησε τοῦ οἴκου ὅθεν ἐξεποιήθη, ἐὰν μὴ
ἐπανέλθῃ κατὰ τὸν νόμον mit §. 2 und Aristarch. hered. 2. In der
Stelle Demosth. adv. Phaenipp. §. 21 ist ausserdem nur von einem καρ-
ποῦσθαι zweier οὐσίαι die Rede, des natürlichen und des Adoptivvaters,
nicht vom rechtlichen Besitze, ebenso in der andern adv. Macart. §. 77
nur von der Behauptung des γίνει προσήκειν mit der Familie des Vaters, wo eine Adoption in die der Mutter stattgefunden hat.]
   22) S. Isaeus de Philoct. §. 63: διαρρήδην ἐν τῷ νόμῳ γέγραπται,
ἐὰν ποιησαμένῳ παῖδες ἐπιγένωνται, τὸ μέρος ἑκάτερον ἔχειν τῆς οὐσίας·
καὶ κληρονομεῖν ὁμοίως ἀμφοτέρους, und den charakteristischen Fall bei
dems. de Dicaeog. §. 9: καὶ ἐπὶ μὲν τῷ τρίτῳ μέρει τοῦ κλήρου Δι-
καιογένης υἱὸς ἐγένετο εἰσποιητός, τῶν δὲ λοιπῶν ἑκάστη τὸ μέρος ἀπε-
δικάσατο τῶν Μενεξένου θυγατέρων.
   23) Θυγατροποιΐα, Keil a. a. O. S. 18; vgl. Isaeus de Hagn. §. 9
und 41.
   24) Demosth. adv. Stephan. II, §. 24: ὅ τι ἂν γνησίων ὄντων υἱῶν
ὁ πατὴρ διαθῆται, ἐὰν ἀποθάνωσιν οἱ υἱεῖς πρὶν ἐπὶ διετὲς ἡβᾶν, τὴν
τοῦ πατρὸς διαθήκην κυρίαν εἶναι: vgl. Plat. Legg. XI, p. 913E und
die Beispiele bei Isaeus de Hagn. §. 8 und de Cleom. §. 4.
   25) Demosth. adv. Leochar. §. 49: ὅταν τις ὢν ἄπαις καὶ κύριος
τῶν ἑαυτοῦ ποιήσηται υἱόν, ταῦτα κύρια εἶναι: vgl. Isaeus de Nicostr.
§. 18 und Isocr. Aegin. §. 49: ἄξιον δ' ἔστι καὶ τῷ νόμῳ βοηθεῖν, καθ'
ὃν ἔξεστιν ἡμῖν καὶ παῖδας εἰσποιήσασθαι καὶ βουλεύσασθαι περὶ τῶν
ἡμετέρων αὐτῶν, ἐνθυμηθέντας ὅτι τοῖς ἐρήμοις τῶν ἀνθρώπων ἀντὶ
παίδων οὗτός ἐστι· διὰ γὰρ τοῦτον καὶ οἱ συγγενεῖς καὶ οἱ μηδὲν προσήκοντες μᾶλλον ἀλλήλων ἐπιμελοῦνται.
   26) Demosth. Lept. §. 102: εἰ γὰρ ὁ Σόλων ἔθηκε νόμον, ἐξεῖναι
δοῦναι τὰ ἑαυτοῦ ᾧ ἄν τις βούληται . . . οὐχ ἵν' ἀποστερήσῃ τοὺς ἐγ-
γύτατα τῷ γένει τῆς ἀγχιστείας, ἀλλ' ἵνα ἐς τὸ μέσον καταθεὶς τὴν
ὠφέλειαν ἐφάμιλλον ποιήσῃ τὸ ποιεῖν ἀλλήλους εὖ: doch liegt darin
nichts weniger als eine Zwangspflicht, und höchstens galt wie in Siphnus
bei Isocr. Aegin. §. 13: τοὺς ὁμοίους παῖδας εἰσποιεῖσθαι, was aber doch
nur auf die bürgerlichen Eigenschaften geht, [die bei der daselbst in
Frage kommenden Adoption ausgesprochen sind in den Worten: υἱὸν μ'
ἐποιήσατο — πολίτην μὲν αὐτοῦ καὶ φίλον ὄντα, γεγονότα δ' οὐδενὸς
χείρων Σιφνίων πεπαιδευμένον δ' ὁμοίως αὐτῷ καὶ τεθραμμένον.]
   27) Plut. V. Solon. c. 21: οὐ μὴν ἀνέδην γε πάλιν οὐδ' ἁπλῶς τὰς
δόσεις ἐφῆκεν, ἀλλ' εἰ μὴ νόσων ἕνεκεν ἢ φαρμάκων ἢ γυναικὶ πειθόμενος: vgl. Demosth. adv. Stephan. II, §. 14: ἂν μὴ μανιῶν ἢ γήρως ἢ

φαρμάκων ἢ νόσου ἕνεκεν ἢ γυναικὶ πειθόμενος ἢ ὑπὸ τῶν τοῦ παρανόμων ἢ ὑπὸ δεσμοῦ καταληφθείς und adv. Olympiod. §. 56 [mit Caillemer l. c. p. 22 f.]

§. 66.

Nur darauf hielt wenigstens das attische Recht mit grosser Strenge, dass keine Erbschaft, auf welchem Rechtstitel sie
auch beruhete, mit alleiniger Ausnahme anerkannter Leibeserben [1], anders als in Folge eines amtlichen Verfahrens angetreten werden sollte [2]), das jedem gleich oder näher Berechtigten die Geltendmachung seiner Ansprüche erlaubte [3]); und
die ähnliche Sorgfalt, auch in den sachlichen Grundlagen des
bürgerlichen Lebens keine Verwirrung eintreten zu lassen,
bewährt sich in vielen griechischen Staaten auch hinsichtlich
sonstiger Eigenthumsveränderungen durch Kauf und Tausch [4]).
wenn gleich die Formen, worunter sich dieselbe äusserte, nicht
immer die nämlichen und mitunter noch ziemlich roh waren.
Lagerbücher, wo das Eigenthum umgeschrieben wurde und
woraus sofort zu ersehen war, ob und wem ein Veräusserungs-
recht an demselben zustand, scheinen allerdings nur wenige
Orte besessen zu haben [5]); statt deren nahm man entweder
die Wissenschaft der Nachbarn in Anspruch, deren dreien zu
diesem Ende in Thurii bei jedem Verkaufe ein Geldstück als
Wahrzeichen gegeben werden musste, oder man liess den Handel bei einer Behörde anmelden, die alsdann die Verpflichtung
hatte, ihn vor der Genehmigung eine bestimmte Frist hindurch
durch Ausruf oder Anschlag zur öffentlichen Kenntniss zu brin-
gen [6]), auch wohl eine Abgabe, wie z. B. in Athen ein Procent
vom Kaufpreise erhob [7]); und wo man ganz sicher gehen wollte,
hielt man sogar Käufer und Verkäufer zu [einem gemeinsamen
Opfer bei den dem Markte der Stadt vorstehenden oder die
Komen beschützenden Göttern und der darauf folgenden] eid-
lichen Versicherung vor Zeugen an, dass keinerlei Betrug bei
dem Geschäfte beabsichtigt sei.[8]) Erst wenn diesen Förmlichkeiten genügt und der verabredete Preis wirklich bezahlt war,
trat das Eigenthumsrecht des Käufers ein. [9]) Nur Charondas,

dem in dieser Hinsicht auch Plato [10]) folgt, hatte dieses sofort
an den Abschluss des Vertrags geknüpft und dem Verkäufer
überlassen, ob er die Kaufsumme auf seine Gefahr creditiren
wolle, während die meisten übrigen Gesetzgebungen demselben
bis zum Empfange dieser ein Eigenthumsrecht vorbehalten
hatten. [11]) Dagegen war für ihn die Verpflichtung, den Kauf-
gegenstand für den bedungenen Preis auszuantworten, bereits
mit dem Augenblicke begründet, wo er das Handgeld empfan-
gen hatte [12]), vorausgesetzt dass dieses weder in der Trunken-
heit, noch in der Leidenschaft, noch unter gesetzwidrigen Umständen geschehen war [13]); dieses Handgeld musste mit dem
Werthe der verkauften Sache im Verhältniss stehen, und ging
dem Verkäufer verloren, wenn er den Vertrag nicht hielt; für
den Verkäufer aber hatte es im entsprechenden Falle den Nach-
theil, dass er nach manchen Gesetzen den ganzen Betrag der
Kaufsumme als Strafe erlegen, also gleichsam dem Käufer den
Gegenstand wieder abkaufen musste. [14]) In Athen soll dem
Käufer gegen eine solche Weigerung die βεβαιώσεως δίκη zu-
gestanden haben [15]); gewöhnlicher aber versteht man darunter
die Evictionsklage, wenn ein Dritter Ansprüche an das Kauf-
object erhob, und der Käufer es nicht darauf ankommen lassen
wollte, später seinen etwaigen Regress an den Verkäufer zu
nehmen [16]), sondern diesen sofort zur Gewährleistung herbei-
zog [17]), wofern dieses nicht, wie ausser Attika häufig, bereits
beim Abschlusse des Handels durch eigene Bürgen oder Kaufhelfer geschehen war. [18]) Auch die Verordnung der platoni-
schen Gesetze, dass der Makler oder Zwischenhändler dem
Käufer für den erkauften Gegenstand haftbar sei [19], dürfte
der thatsächlichen Gesetzgebung entlehnt sein, und noch wahrscheinlicher ist dieses hinsichtlich der Verbindlichkeit des Verkäufers, denselben wegen verhehlter Fehler zurückzunehmen,
wenn sie auch zunächst nur für Sclaven näher bezeugt ist. [20])

1) Ἀνεπίδικα, ὅσα τις κατέχει τοῦ τετελευτηκότος ὡς πατρῷα καὶ
παππῷα, Bekk. Anecdd. p. 183; vgl. Isaeus de Pyrrhi her. §. 59—63:
ἀκριβῶς γὰρ ἐπιστάμεθα πάντες, ὅτι ἀδελφῶν μὲν κλήρων ἐπιδικασία
πᾶσιν ἐστὶν ἡμῖν, ὅτῳ δὲ γόνῳ γεγόνασιν γνήσιοι παῖδες, οὐδενὶ ἐπιδικάζεσθαι τῶν πατρῴων προσήκει . . . ὅσοι δὲ διαθήκαις αὐτοῖς εἰσποι-

οὔνται, τούτοις ἐπιδικάζεσθαι προσήκει τῶν δοθέντων· τοῖς μὲν γὰρ ὅτι γόνῳ γεγόνασιν, οὐδεὶς ἂν δήπου ἀμφισβητήσειε περὶ τῶν πατρῴων, πρὸς οἳ τοὺς ἐ στοιήτους ἅπαντες οἱ κατὰ γένος προσήκοντες ἀμφισβητεῖν ἀξιοῦσι κ. τ. λ. Nur der ὑπὸ ζῶντος ἔτι εἰσποιηθεὶς fiel nach Demosth. c. Leochar. §. 19 gleichfalls in diese Kategorie; doch s. oben §. 61. not. 17. [Daher die ἐμβατεία im Gegensatz zur διαδικασία der unmittelbare Vermögensantritt bei väterlicher und grossväterlicher Erbschaft Schömann ad Isaeum p. 394.]

2 Demosth. adv. Stephan. II, §. 22: ἀντεπίδικον μή ἐξεῖναι ἔχειν μήτε κλῆρον μήτε ἐπικλήρον: vgl. adv. Macart. §. 5: κηρύττοντος τοῦ κήρυκος, εἰ τις ἀμφισβητεῖν ἢ παρακαταβάλλειν βούλεται τοῦ κλήρου ἢ κατὰ γένος ἢ κατὰ διαθήκας, mit Harpocr. p. 20 oder Poll. VIII. 32 und G. H. C. L. Steigerthal, de vi et usu παρακαταβολῆς in causis Ath. hereditariis, Cellis 1832. 4.

3) Διαδικασίαι, vgl. Bunsen p. 86—92, Heffter S. 272, Meier S. 459 —470, Platner, Process II, S. 309 fg., Schömann ad Isaeum p. 197, de Boor S. 93 fg.

4) Denn dass diese beiden Geschäfte, auch abgesehen von mercantilischem Tausche, einander fortwährend gleich galten, zeigt z. B. Demosth. c. Callicl. §. 32: κἂν μὲν ἐγὼ τῶν χωρίων ἀποστῶ τούτοις ἀποδόμενος ἢ πρὸς ἕτερα χωρ.α ἀλλαξάμενος κτλ. Zur Eigenthumserwerbung überhaupt s. J. W. H. Viebahn, remedia recuperandae possessionis in jure Attico et Romano. Jena 1826. 8. [Rechtsformen für den Verkauf s. Büchsenschütz, Besitz und Erwerb S. 526 f. und bes. Caillemer, Études sur les antiquités juridiques d'Athènes III. 1866: sur le credit foncier. p. 3 ff., sowie Telfy, C. J. A. n. 1495—1502. Comment. p. 628 f.]

5) Theophrast in der wichtigen Schrift περὶ συμβολαίων bei Stob. Serm. XLIV. 22: οὐ χρὴ δ᾽ ἀγνοεῖν, ὅτι αἱ προγραφαὶ καὶ αἱ προκηρύξεις καὶ ὅλως ὅσα πρὸς τὰς ἀμφισβητήσεις ἐστὶ πάντα, τὰ πλεῖστα δι᾽ ἔλλειψιν ἑτέρου νόμου τίθεται· παρ᾽ οἷς γὰρ ἀναγραφὴ τῶν κτημάτων ἐστὶ καὶ τῶν συμβολαίων, ἐξ ἐκείνων ἔστι μαθεῖν εἰ ἐλεύθερα καὶ ἀνίπαχα, καὶ τὰ αὑτοῦ πωλεῖ δικαίως· εὐθὺς γὰρ καὶ μετεγγράφει ἡ ἀρχὴ τὸν ἐωνημένον. So im Process des Pantaenetos: καὶ ἦν ὠνητὴς ἐγγεγραμμένος ὁ Μνησικλῆς καὶ τὰς ὠνὰς εἶχεν αὐτός, Argum. Demosth. in Pantaenet. p. 963.

6) Daselbst: οἱ μὲν οὖν ὑπὸ κήρυκος κελεύουσι πωλεῖν καὶ προκηρύττειν ἐκ πλειόνων ἡμερῶν, οἱ δὲ παρ᾽ ἀρχῇ τινι, καθάπερ καὶ Πιττακός· παρὰ βασιλεῦσι καὶ πρυτάνει· ἔνιοι δὲ προγράφειν παρὰ τῇ ἀρχῇ πρὸ ἡμερῶν μὴ ἔλαττον ἢ ἑξήκοντα, καθάπερ Ἀθήνησι, καὶ τὸν πριαμενον ἑκατοστὴν τιθέναι τῆς τιμῆς, ὅπως διαμφισβητῆσαί τε ἐξῇ καὶ διαμαρτυρῆσαι (vgl. Hesych. s. v. ἐν λευκώμασιν, und die Wirkungen einer solchen Einsprache, ἀπόῤῥησις, bei Isaeus de Menecl. §. 28) τῷ βουλομένῳ, καὶ ὁ δικαίως ἐωνημένος φανερὸς ᾖ τῷ τέλει· παρὰ δέ τισι προκηρύττειν κελεύουσι πρὸ τοῦ κατακυρωθῆναι πένθ᾽ ἡμέρας συνεχῶς,

εἴ τις ἐνίσταται ἢ ἀντιποιεῖται τοῦ κτήματος ἢ τῆς οἰκίας, ὡσαύτως δὲ καὶ ἐπὶ τῶν ὑποθέσεων, ὥσπερ καὶ ἐν τοῖς Κυζικηνῶν. Θουριακοὶ δὲ τὰ μὲν τοιαῦτα πάντα ἀφαιροῦσιν, οὐδ᾽ ἐν ἀγορᾷ προστάττουσιν ὥσπερ τἄλλα, διδόναι δὲ κελεύουσι κοινῇ τῶν γειτόνων τῶν ἐγγυτάτω τρισὶ νόμισμά τι βραχὺ μνήμης ἕνεκα καὶ μαρτυρίας κ. τ. λ.

7) Ἑκατοστή, Ross, Demen von Attika S. 47; vgl. Aristoph. Vesp. 678 u. Böckh, Staatsh. N. A. I, S. 440. [Caillemer, Études sur les antiquités juridiques d'Athènes. III. p. 7 nennt es droit de mutation und bemerkt, dass in Frankreich das Einregistriren sechsmal mehr kostet.]

8) Theophrast weiter: — ὥσπερ ἐν τοῖς Αἰνίων· κελεύουσι γὰρ, ἐὰν μέν τις οἰκίαν πρίηται, θύειν ἐπὶ τοῦ Ἀπόλλωνος τοῦ Ἐπικωμαίου, ἐὰν δὲ χωρίον, ἐπὶ τῆς κώμης ᾗ αὐτὸς οἰκεῖ, καὶ ὀμνύειν ἐναντίον τῆς ἀρχῆς ἐγγραφούσης καὶ κωμητῶν τριῶν, ἦ μὴν ὠνεῖσθαι δικαίως, μηδὲν συγκακουργοῦντα, μήτε τέχνῃ μήτε μηχανῇ μηδεμιᾷ· τὸν αὐτὸν δὲ τρόπον καὶ τὸν πωλοῦντα πωλεῖν ὁδόλως· τὸν δὲ μὴ οἰκοῦντα ἐν ἄστει θύειν τὸν ὅρκον ἐπὶ τοῦ Διὸς τοῦ Ἀγοραίου, τὴν δὲ θυσίαν τῶν ἐλαττόνων εἶναι θυλήμασιν, ἄνευ δὲ τούτων μὴ ἐγγράφειν τὴν ἀρχὴν· ἅμα καὶ ἐν τῷ ὅρκῳ προσορκίζειν αὐτήν, ἐὰν μὴ ὀμνύωσι, μηδὲ ἐγγράψειν τὴν ὠνήν. [Die Stelle bietet, wenn sie keine Lücke enthält Schwierigkeiten im ersten Theile, sie ist von Caillemer l. c. p. 5, der diese Einrichtung unrichtig den Thuriern zuschreibt, gemäss obiger Interpunktion so übersetzt: *s'agissait-il d'un bien rural, le sacrifice s'accomplissait dans la bourgade à laquelle il appartenait* — aber kann ἐπὶ τῆς κώμης stehen für ἐπὶ τῶν κωμητῶν θεῶν τῶν τῆς κώμης? und ist Apollon ἐπικωμαίος nicht gerade der θεὸς κωμήτης? Meineke interpungirt nach χωρίον nicht, verbindet χωρίον ἐπὶ τῆς κώμης im Vordersatze; dann liegt das Eigenthümliche für diesen Fall im Schwur vor drei Kometen und der einschreibenden Behörde.]

9) Daselbst: κυρία δὲ ἡ ὠνὴ καὶ ἡ πρᾶσις εἰς μὲν κτῆσιν, ὅταν ἡ τιμὴ δοθῇ καὶ τὰ ἐκ τῶν νόμων ποιήσωσιν, οἷον ἀναγραφὴν ἢ ὅρκον ἢ τοῖς γείτοσι τὸ γιγνόμενον.

10) Legg. IX, p. 915 D: ὅσα δὲ διά τινος ὠνῆς ἢ καὶ πράσεως ἀλλάττεταί τις ἕτερος ἄλλῳ, διδόντα ἐν χώρᾳ τῇ τεταγμένῃ ἑκάστοις κατ᾽ ἀγορὰν καὶ δεχόμενον ἐν τῷ παραχρῆμα τιμὴν οὕτως ἀλλάττεσθαι, ἄλλοθι δὲ μηδαμοῦ μηδ᾽ ἐπ᾽ ἀναβολῇ πρᾶσιν μηδὲ ὠνὴν ποιεῖσθαι μηδενός· ἐὰν δὲ ἄλλως ἢ ἐν ἄλλοις τόποις ὁτιοῦν ἀνθ᾽ ὁτουοῦν διαμείβηται ἕτερος ἄλλῳ, πιστεύων πρὸς ὃν ἂν ἀλλάττηται, ποιείτω ταῦτα ὡς οὐκ οὐσῶν δικῶν κατὰ νόμον: vgl. Republ. VIII, p. 556 A u. Platner, Process II, S. 341.

11) Theophrast l. c.: πότερον δὲ ἕως ἂν κομίσηται (scil. τὴν τιμὴν) κύριον εἶναι τοῦ κτήματος; οὕτω γὰρ οἱ πολλοὶ νομοθετοῦσιν ἢ ὥσπερ Χαρώνδας καὶ Πλάτων; οὗτοι γὰρ παραχρῆμα κελεύουσιν διδόναι καὶ λαμβάνειν, ἐὰν δέ τις πιστεύσῃ, μὴ εἶναι δίκην· αὐτὸν γὰρ αἴτιον εἶναι τῆς ἀδικίας.

12) Ἀρραβών, ἡ ἐπὶ ταῖς ὠναῖς παρὰ τῶν ὠνουμένων διδομένη προ-
καταβολὴ ὑπὲρ ἀσφαλείας, Etymol. M. p. 148; vgl. Isaeus de Ciron.
§. 23, Lucian. Rhet. pracc. c. 17 u. s. w. Dass Thales als Erfinder desselben genannt werde (Wachsmuth II, S. 189), ist wohl nur Missverständniss aus Aristot. Politic. I. 4. 5.

. 13) Theophrast: εἰς δὲ τὴν παράδοσιν καὶ εἰς αὐτὸ τὸ πωλεῖν (scil.
κυρία ἡ ὠνή), ὅταν ἀρραβῶνα λάβῃ· σχεδὸν γὰρ οὕτως οἱ πολλοὶ νομο-
θετοῦσιν· ἀλλὰ τοῦτο προσδιοριστέον, ἐὰν μὴ παρὰ μεθύοντος μηδ' ἐξ
ὀργῆς, μηδὲ φιλονεικίας. μηδὲ παρανοοῦντος, ἀλλὰ φρονοῦντος, καὶ
τὸ ὅλον δικαίως, ὅπερ τἀκεῖ προσθετέον, ὅταν ἀφορίζῃ παρ' ὧν δεῖ
ὠνεῖσθαι.

14) Derselbe weiter: τάττουσι δ.' τινὲς καὶ τὸν ἀρραβῶνα πόσον δεῖ
διδόναι, πρὸς τὸ πλῆθος τῆς τιμῆς μερίζοντες ... ἐὰν δὲ λαβὼν ἀῤῥα-
βῶνα μὴ δέχηται τὴν τιμὴν ἢ δοὺς μὴ καταβάλῃ ἐν τῷ ὡρισμένῳ χρόνῳ
... ἐπιτίμιον ... τῷ μὲν στέρησις τοῦ ἀῤῥαβῶνος· οὕτω γὰρ σχεδὸν οἱ ἄλλοι
κελεύουσι καὶ οἱ Θουριακοί· τῷ δὲ μὴ δεχομένῳ ἔκτισις ὅσου ἂν ἀποδῶται κ. τ. λ.

15) Harpocr. p. 62: ἐνίοτε καὶ ἀρραβῶνος μόνου δοθέντος, εἶτα
ἀμφισβητήσαντος τοῦ πεπρακότος, ἐλάγχανε τὴν τῆς βεβαιώσεως δίκην
ὁ τὸν ἀρραβῶνα δοὺς τῷ λαβόντι. Bei Plautus keine Spur von einer
durch den Vertrag begründeten Verpflichtung des Verkäufers, nur die
Arrha musste er herausgeben nach S. J. Bekker, de emtione venditione
quae Plauti fabulis fuisse probatur. Berol. 1853. Vgl. noch Herald. Animadv. IV. 3. p. 282.

16) Αὐτομαχῆσαι, ὅταν ἀντιποιῆταί τις οἰκίας ἢ χωρίου, καὶ εἴη ὁ
πεπρακὼς μὲν ἀξιόχρεως, ὥστε δοκεῖν ἀποτῖσαι τὴν ζημίαν καὶ συνίστα-
σθαι τὴν δίκην πρὸς τὸν ἀντιποιούμενον. βούλοιτο δὲ ὁ διακατέχων τὴν
οἰκίαν ἢ τὸ χωρίον ἴδιον αὐτῷ γενέσθαι ἀγῶνα πρὸς τὸν ἀμφισβητοῦντα,
Bekker Anecdd. p. 467; vgl. Harpocr. p. 57 und Suidas I, p. 387.

17) Pol. VIII. 34: ἡ δὲ βεβαιώσεως δίκη, ὁπότε τις πριάμενος οἰκίαν ἢ χωρίον, ἀμφισβητοῦντός τινος, ἀνάγει ἐπὶ τὸν πρατῆρα, τὸν δὲ
προσήκει βεβαιοῦν ἢ μὴ βεβαιοῦντα ὑπεύθυνον εἶναι τῆς βεβαιώσεως:
εἰ δ' ὁ ἀνάγων ἐπὶ τὸν πρατῆρα ἡττηθείη, τὸ μὲν ἀμφισβητηθὲν τοῦ
κρατήσαντος ἐγίνετο, ὁ δ' ἡττηθεὶς τὴν τιμὴν παρὰ τοῦ συκοφαντήσαν-
τος ἐκομίζετο. [Isae. de Aristarch. heredit. 24: ὥσπερ τῶν ἀμφισβητησίμων χωρίων δεῖ τὸν ἔχοντα ἢ θέτην ἢ παρέχεσθαι ἢ καταδεδικασμένον φαίνεσθαι οὕτω κτλ.], vgl. Bekk. Anecdd. p. 214 und Demosth. c.
Pantaen. §. 12 mit Herald. Anim. IV. 1, p. 282 fg. und mehr bei Meier
S. 526—529 oder Platner, Process II, S. 343.

18) Συμπρατήρ ὁ τὰ πωλούμενα ὑφ' ἑτέρου βεβαιῶν, Bekk. Anecdd.
p. 193; πρυτανεύει δ' ἐξ αὐτῶν (πωλητῶν) εἰς ὃς τὰ πωλούμενα βεβαιοῖ
Poll. VIII. 99, auch πρατήρ und βεβαιωτής oder βεβαιωτήρ, auctor se-
cundus, s. Böckh C. Inscr. II, p. 273 und Meier in Allg. Lit. Zeit. 1843
Dec. S. 619.

19) Legg. XII, p. 954 A: *ύπόδικος δ' έστω καὶ ὁ προπωλῶν καθάπερ ὁ ἀποδόμενος;* vgl. die Ausdrücke *προπώλης, προπωλῶν, προπρά-
της* bei Poll. VII 11 und die *προπωληταὶ καὶ βεβαιωταὶ τῶν κατὰ τὴν
ὠνὴν* in zahlreichen Papyrusurkunden, wodurch auch vielleicht auf C.
Inscr. n. 1756 ein Licht fällt. [Der Commissionär *προπράτωρ, προπώλης*
ist meist der *πρόξενος,* der Verkäufer in der Fremde, Büchsenschütz, Besitz und Erwerb S. 463; Philippi in N. Jhbb. f. Philol. XCIII. S. 749.]
20) Bekker Anecdd. p. 214: *άναγωγὴ γάρ ἐστι τὸ τὸν πωλοῦντα
οἰκέτην νόσημα ἔχοντα καὶ μὴ προειπόντα τῷ ὠνουμίνῳ ἐφεῖσθαι τῷ
ὠνησαμένῳ διακρίνεσθαι πρὸς τὸν πεπρακότα:* vgl. Plat Legg. XI,
p. 916, Suid. s. v. *άναγωγὴ οἰκέτου* p. 916 [aber auch Demosth. in Everg.
36 in Bezug auf *τὸ διάγραμμα τῶν σκευῶν*]. Vgl. Platner, Process II,
S. 342 oder Meier S. 525 [und jetzt Büchsenschütz, Besitz etc. S. 124.]

§. 67.

Weniger förmlich, aber desshalb nicht weniger gesetzlich
geregelt waren diejenigen Rechtsgeschäfte, welche die zeitwei-
lige Ueberlassung des Besitzes oder Niessbrauchs einer Sache
an einen Andern durch Miethe, Pacht oder Darleihen ¹) zum
Gegenstande hatten und dafür dem Eigenthümer derselben in
der Regel ²) einen bestimmten Zins bedungen. Solche Geschäfte
konnten selbst eine rechtliche Nothwendigkeit sein, wie z. B.
Vormünder ein Waisenvermögen, dessen eigene Verwaltung
ihnen zu schwer fiel, [wenn nicht testamentarische Bestimmungen es geradezu verboten], in Pacht zu geben verpflichtet
waren ³), oder das Eigenthum von Staaten ⁴), Gemeinden ⁵),
Tempeln ⁶) nur auf diese Art nutzbar gemacht werden konnte;
aber auch abgesehen davon lassen sich ihre Spuren bis in die
Zeiten verfolgen, wo der Zins noch in Naturerträgnissen entrichtet werden musste ⁷), wenn auch erst mit der Einführung
des baaren Geldes der Zinswucher möglich war, von dem schon
oben näher gehandelt worden ist. Einer sehr alten Zeit war
gewiss auch die kretische Sitte entsprungen, die dem Darleihen den Charakter eines Raubes aufprägte ⁸); ausserdem ist
aber hier noch die eigenthümliche Fiction zu berühren, nach
welcher dasselbe häufig die Form eines Kaufs annahm, so dass
der Vorschuss als Kaufschilling für irgend einen dem Entleh-
ner gehörigen Gegenstand geleistet ward, an welchem sich

dieser jedoch nicht nur das Rückkaufsrecht für die empfangene
Summe[9], sondern auch in der Regel die fernere Nutzniessung
vorbehielt, und dafür dann die Zinsen jener Summe gleichsam
als Miethpreis zahlte.[10]) Sonst scheinen Mieth- und Pachtzinse
im Allgemeinen niedriger gewesen zu sein, nicht bloss wo ein
Grundstück ein für allemal in Erbpacht gegeben ward[11]), sondern auch bei gewöhnlichen Zeitpachten, deren Ertrag kaum
über acht Procente geschätzt werden kann[12]) und zugleich in
längeren Fristen als Baargeldzinsen entrichtet ward[13]); nur
gegen den säumigen Zahler standen dem Eigenthümer neben
der gerichtlichen Klage[14]) das sofortige Pfänduugsrecht[15]) und
bei Wohnungen noch unmittelbarere Zwangsmittel wie Aus-
heben der Thüre, Abdecken des Hauses, Verschluss des Brun-
nens[16]) offen. Auch gegen den Pächter, der den Gegenstand
verwahrloste, das Land nicht bauete u. s. w., kommen eigene
Klagen *ἀγεωργίου*[17]) und *ἀμελίου*[18]) vor; ausserdem ward besonders bedungen, dass er kein Holz noch Erde aus dem Grundstück entferne; dagegen fielen die directen Abgaben, [wenn
nicht Erbpacht stipulirt war, doch immer nach besonders ausgesprochenen Bestimmung] dem Eigenthümer zur Last[19]), und
wenn Kriegszeiten die ordnungsmässe Ausbeutung verhinderten,
musste dieser statt des Zinses die Hälfte der wirklichen Erndte
annehmen.[20]) Dass endlich auch jede Art beweglichen Eigenthums Gegenstand eines Miethvertrags werden konnte, versteht
sich von selbst, wenn auch die vorkommenden Beispiele mei-
stens zugleich mit dem Capitalvermögen in engerer Beziehung
stehen, wie wenn bei einer Werkstätte oder Wechselbank auch
die innere Einrichtung mit verpachtet wird.[21]) Eben so ent-
spricht die Fracht oder das Fährgeld in einem Schiffe ganz
der Wohnungsmiethe[22]), und hieran reiht sich dann wieder
die Miethe eines Reit- oder Zugthieres[23]), obgleich diese anderseits auch mit der nicht seltenen von Sclaven verglichen werden kann[24]), nur dass letztere mit Vorwissen ihrer Herren
sich häufig auch selbst auf ähnliche Art verdingten, wie solches auch von Freien und zwar nicht bloss zu niedrigen und
mechanischen Dienstleistungen[25]), sondern im weitesten Umfange
der Kenntnisse und Geschicklichkeiten eines jeden geschah.[26])

1) *Μίσθωσις*, locatio, *δανεισμός*, mutuum, *χρῆσις*, commodatum. Aristot. Eth. Nic. V. 2. 13; vgl. Meier A. P. S. 497 fg., [Télfy, C. J. A. n. 1503—1542. Comment. p. 64 ff., und besonders Caillemer, Études sur les antiquit. jurid. d'Athènes VIII. 1869: le contrat de louage à Athènes sowie Büchsenschütz, Besitz etc. S. 88 fg. *Jάνειον ἄτοκον* unverzinsliches Darleihen s. Papyr. grec. n. VII. 37 in Notices et Extraits XVIII. 2, Caillemer, Études sur les antiquit. gr. IV. p. 32.]

2) Denn allerdings gehört, wie Meier S. 499 richtig bemerkt, zum Charakter des *χρέος* der Zins nicht wesentlich und fällt daher namentlich auch bei *χρῆσις* mehrfach weg; im Uebrigen verhält sich wie zur *μίσθωσις* der *μ'σθος*, so zum *δανεισμός* der *τόκος*: vgl. Aristoph. Nub. 1288, Aristot. Politic. I. 3. 23. [Pachturkunden, vier attische und zwei aus Heraklea in Unteritalien Böckh C. J. I. n. 93. 94. III. n. 5774. 5775 mit Büchsenschütz, Besitz und Erwerb S. 90 fg. Wichtige Miethurkunde aus Munychia in Rev. archéol. 1866. n. 11: *ἀγαθῇ τύχῃ· ἐπὶ Φιλιππίδου ἱερέως· κατὰ τάδε ἐμίσθωσαν Ἀντίμαχος Ἀμφιμάχου* (acht weitere Namen) *Κυθηρίων οἱ μερίται τὸ ἐργαστήριον τὸ ἐν Πειραιεῖ καὶ τὴν οἴκησιν τὴν προσοῦσαν αὐτῇ καὶ τὸ οἰκημάτιον τὸ ἐπὶ τοῦ κοπρῶνος εἰς τὸν ἅπαντα χρόνον Εὐκράτει Ἐξηκίου Ἀφιδναίῳ δραχμῶν ν'δ'.. τοῦ ἐνιαυτοῦ ἑκάστου ἀτελὲς πάντων ἐφ' ᾧτε διδόναι τὰς μὲν λ' ἐν τῷ Ἑκατονβαιῶνι, τὰς δὲ εἴκοσι καὶ τέτταρας ἐν τῷ Ποσειδεῶνι, ἐπισκευάσαι δὲ τὰ δεόμενα τοῦ ἐργαστηρίου καὶ τῆς οἰκήσεως ἐν τῷ πρώτῳ ἐνιαυτῷ· ἐὰν δὲ μὴ ἀποδιδῷ τὴν μίσθωσιν κατὰ τὰ γεγραμμένα ἢ μὴ ἐπισκευάξῃ, ὀφείλειν αὐτὸν τὸ διπλάσιον καὶ ἀπιέναι Εὐκράτην ἐκ τοῦ ἐργαστηρίου μηδένα λόγον λέγοντα· ἐγγυητὴς τοῦ ποιήσειν τὰ γεγραμμένα Ἐξηκίας Ἀφιδναῖος ἐν τῷ χρόνῳ τῷ γεγραμμένῳ βεβαιοῦν δὲ τὴν μίσθωσιν Κυθηρίων τοὺς μερίτας Εὐκράτει καὶ τοῖς ἐγγόνοις αὐτοῦ· εἰ δὲ μὴ ὀφείλειν δραχμὰς λ'. ἀναγράψαι δὲ τὰς συνθήκας Εὐκράτην ἐν στήλῃ λιθίνῃ καὶ στῆσαι ἐν — νηρῳ· ἐὰν δέ τις εἰσφορὰ γίγνηται ἢ ἄλλο τι ἀπ — σεσμα τρόπῳ ὁτῳοῦν εἰσφέρειν Εὐκράτην κατὰ τὸ τίμημα καθ' ἑπτὰ μνᾶς· Θεοί.* Wir haben hier in grosser Vollständigkeit beisammen: die Zeit der Ausstellung zwischen 307 und 288 v. Chr., Vermiether, Miether, Bürgen (*ἐγγυηταὶ*) und Kaufhelfer (*βεβαιωτῆρες*), Zeit der Miethe (ὁ ἅπας χρόνος, also Erbpacht), Miethzins, halbjährlicher Termin der Zahlung, Strafe bei Nichteinhaltung, Steuerlasten, die auf dem Hause ruhen.]

3) Lysias c. Diogit. §. 23: *εἰ ἐβούλετο δίκαιος εἶναι περὶ τοὺς παῖδας. ἐξῆν αὐτῷ κατὰ τοὺς νόμους, οἳ κεῖνται περὶ τῶν ὀρφανῶν καὶ τοῖς ἀδυνάτοις τῶν ἐπιτρόπων καὶ τοῖς δυναμένοις, μισθῶσαι τὸν οἶκον ἀπηλλαγμένος πολλῶν πραγμάτων*: vgl. oben §. 57, not. 20 und mehr bei Böckh, Staatsh. N. A. S. 200, Meier A. P. S. 295. Platner, Process II, S. 281, Schömann ad Isaeum p. 205, wo insbes. auch auf den Umfang des Begriffs *οἶκος* in diesem Falle aufmerksam gemacht ist: *elocari non solum fundos et praedia pupillorum, sed omnem bonorum substantiam,*

etiam numos. [Vgl. jetzt Caillemer, Étud. VIII. p. 20 ff. der die Nothwendigkeit mit Recht sehr beschränkt.]

4) Xenoph. Vectig. IV. 19: τί ἂν ἧττον μισθοῖτό τις παρὰ τοῦ δημοσίου ἢ παρὰ τοῦ ἰδιώτου, ἐπὶ τοῖς αὐτοῖς μέλλων ἕξειν; μισθοῦνται γοῦν καὶ τεμένη καὶ ἱερὰ καὶ οἰκίας, καὶ τί ἡ ὠνοῦνται παρὰ τῆς πόλεως: vgl. Andoc. de Myster. §. 92 und mehr bei Mazocchi ad Tab. Heracleenses (jetzt C. Inscr. III, p. 693 fgg.), Ussing, Inscript. p. 3, Keil, Schol. epigr. 1855. p. 54 und Böckh, Staatsh. N. A. S. 413 fg.

5) S. die Beschlüsse athenischer Demen C. Inscr. n. 82. 93. 103. 104 mit Schömann com. Ath. p. 376 fg.

6) Harpocr. p. 39: ἀπὸ μισθωμάτων· Δίδυμός φησιν ὁ γραμματικός ἀντὶ τοῦ ἐκ τῶν τεμενικῶν προσόδων· ἑκάστῳ γὰρ θεῷ πλέθρα γῆς ἀπένεμον, ἐξ ὧν μισθουμένων αἱ εἰς τὰς θυσίας ἐγένοντο δαπάναι: [Xenoph. Anab. V. 3. 13; de vectig. 4, 19] vgl. Böckhs delische Urkunde in Abhh. d. Berl. Akad. 1834, S. 24 und mehr bei Ussing, Inscr. ined. p. 49 und G. A. §. 20, not. 8 fg. [Dahin gehören θιασωτικά und πατριωτικά τεμένη Aristot. Oecon. II. p. 1346 b ed. Bekker].

7) Χρέα, Schulden, Hesiod. ἔργ. 647; vgl. die attischen ἐκτημόριοι oder ἐπίμορτοι St. A. §. 101, not. 10 und Isocr. Areop. §. 32: οἳ τε τὰς οὐσίας ἔχοντες . . . ἐπήμυνον ταῖς ἐνδείαις, τοῖς μὲν γεωργίας ἐπὶ μετρίαις μισθώσεσιν παραδιδόντες, τοὺς δὲ κατ' ἐμποράιαν ἐκπέμποντες, τοῖς δ' εἰς τὰς ἄλλας ἐργασίας ἀφορμὴν παρέχοντες, mit Platner, Process II, S. 347 und Böckh N. A. S. 643, welcher letztere freilich mit Schömann (griech. Alterth. I. S. 325) die ἐπίμορτοι nicht ein, sondern fünf Sechstheile des Ertrags zinsen lässt? [Büchsenschütz (Besitz u. Erwerb S. 49. Anm. 2) entscheidet sich nicht, findet aber die Gründe gegen Schömann und Böckh, die Mone (gr. Gesch. I. S. 268) vorbringt, beachtenswerth. Plato (Legg. V. 12) und Aristoteles (Polit. I. 9) sind gegen eine auf Geldleihen und Zins angelegte χρηματιστικὴ als καπηλικὴ ποιητικὴ χρημάτων οὐ πάντως ἀλλ' ἢ διὰ χρημάτων μεταβολῆς. Χρεῶν ἀποκοπῆς, διάλυσις d. h. Minderung des Capitals oder der Zinsen gefürchtet, daher gesetzlich verbotene Massregel jeder Revolution Andoc. de myster. 88 Isocr. Panathen. 259, Demosth. in Timocr. 149, de foed. Alex. 15, Plato Rep. VIII. p. 566 a, Legg. III. p. 684 d, V. p. 736, Dio Chrysost. XXXI. 70. Diod Exc. legat. 15: τῆς παρὰ τοῖς Αἰτωλοῖς χρεωκοπίας κατὰ τὴν Θεσσαλίαν ζηλωθείσης καὶ πάσης πόλεως εἰς στάσεις καὶ ταραχὰς ἐμπιπτούσης: mit Büchsenschütz, Besitz u. Erwerb S. 35 f. Anleihe für Kriegführung so die des Alyattes in Ephesos Nicol. Damasc. 65, Frgt. Histor. graecor. ed. Müller p. 397.

8) Plut. qu. gr. 53: διὰ τί παρὰ Κνωσσίοις ἔθος ἦν ἁρπάζειν τοῖς δανειζομένοις τὸ ἀργύριον; ἢ ὅπως ἀποσιτρσφέντες ἔνοχοι τοῖς βιαίοις ὦσι καὶ μᾶλλον κολάζωνται;

9) Vgl. Demosth. c. Apatur. §. 8: ὠνὴν ποιοῦμαι τῆς νεὼς καὶ τῶν παίδων. ἕως ἀποδοίη τάς τε δέκα μνᾶς, ἃς δι' ἐμοῦ ἔλαβε, καὶ τὰς τρι-

ἄκοντα, ὧν κατέστησεν ἐμὲ ἐγγυητὴν τῷ τραπεζίτῃ: und die häufigen
Steine mit der Aufschrift ὅρος οἰκίας oder χωρίου πεπραμένου ἐπὶ λύσει,
Arch. Intell. Bl. z. Allg. Lit. Zeit. 1834, S. 16, 1835, S. 50, Zeitschr. f.
d. Alterth. 1840, S. 1089, Ross, Demen S. 56, wozu Böckh: „der Verkauf ist nämlich unter dem Vorbehalt der Wiedereinlösung gemacht als
mancipatio sub fiducia, zur grösseren Sicherheit des auf das Grundstück
ausgeliehenen Geldes". Eine παριστάμενη γῇ Hesych. II. p. 878.

10) Demosth. adv. Pantaen. §. 4: ἐδανείσαμεν πέντε καὶ ἑκατὸν
μνᾶς τούτῳ ἐπ᾽ ἐργαστηρίῳ καὶ τριάκοντα ἀνδραπόδοις . . . μισθοῦται
δ᾽ οὑτοσὶ παρ᾽ ἡμῶν τοῦ γιγνομένου τόκου τῷ ἀργυρίῳ, πέντε καὶ ἑκατὸν δραχμῶν τοῦ μηνὸς ἑκάστου, καὶ τιθέμεθα συνθήκας, ἐν αἷς ἥ τε
μίσθωσις ἦν γεγραμμένη καὶ λύσις τούτῳ παρ᾽ ἡμῶν ἐν τινι ῥητῷ χρόνῳ.
[Daher dann die eben erwähnte Formel auf den Steinen: ὅρος χωρίου πεπραμένου ἐπὶ λύσει]. Vgl. die ähnlichen Verträge im C. Inscr. n. 2695 e u.
2694 b: γενομένης δὲ τῆς ὠνῆς τῶν προγεγραμμένων κτημάτων εἰς τὸ
τοῦ θεοῦ ὄνομα, μισθώσεται πάντα αὐτὸς κατὰ χρηματισμὸν καὶ ἕξει
αὐτὸς εἰς τὰ πατρικὰ αὐτὸς καὶ οἱ ἐξ αὐτοῦ ἢ οἷς ἂν ἡ κληρονομία
τῶν ὑπαρχόντων καθήκῃ, nur dass hier, weil der Scheinkäufer ein Tem-
pel ist, keine λύσις oder Rückzahlung, sondern ein ewiger Zins, φόρος,
bedungen wird. [Caillemer, Étud. VIII. p. 27 f. nennt das Ganze *savante
combinaison, digne de l'esprit subtil des juristes du moyen-âge* und spricht
den Sinn der Sache gut aus: *le vendeur n'a pas l'intention de se dé-
pouiller de la propriété, il veut au contraire rester maitre de sa chose
tout en obtenant l'argent dont il a besoin. L'acheteur de son côté n'a
pas l'intention d'acquérir; il veut seulement prêter aux conditions les plus
avantageuses, donner à sa créance la meilleure de toutes les garanties,
un droit de propriété conditionnel et dans les prétendus loyers, qui lui
seront remis aux époques fixées par la convention, il verra les intérêts d'un
capital et non pas les fruits d'un immobile.*]

11) Λενράως, Aristot. Oeconom. II, 4, vgl. C. Inscr. II. p 867:
Κρατείας ἔδωκεν Ἀριστομένει κῆπον ἐποικίσαι . . . καὶ οἰκόπεδα καίρια·
φόρος δὲ τοῦ κήπου χρυσοῦς ἑκάστου ἐνιαυτοῦ, wo Böckh an die römische *Emphyteusis* erinnert; auch Staatsh. N. A. S. 199. [Caillemer,
Étud. VIII. p. 16 fg. macht sehr richtig darauf aufmerksam, dass der
obige Vertrag von Munychia dem Charakter der *Emphyteusis* genau ent-
spricht, er vergleicht noch die zwei Inschriften von Mylasa u. Gambreion
Böckh, C. J. A. II. n. 2693 c. 3561. Erbpacht bei Kleruchien oder Staats-
gütern an die früheren Besitzer mehrfach gegeben; die Pachtsumme für
den κλῆρος auf Lesbos auf 2 Minen gestellt Thucyd. III. 50. vgl. V. 31,
Ael. V. H. VI. 1 mit Drumann, Arbeiter u. Communisten S. 51 ff., Büchsenschütz, Besitz u. Erwerb S. 62 fg. 70. Pacht öffentlicher Ländereien
auf zehn Jahre Thuc. III. 68. Vgl. Böckh zu C. J. II. n. 2693 c. 3561.
obige Inschrift Note 2. Der Zins dann φόρος genannt.]

12) Isaeus de Hagn. §. 42: ἀγρὸν μὲν Θρίασι πέντ᾽ ἡμιτάλαντα

ἑυρίσκοντα, οἰκίαν δὲ Μελίτῃ τριαχιλίων ἐωνημένην, ἄλλην δὲ Ἐλευσῖνι πεντακοσίων· ἀφ' ὧν ἡ μίσθωσις τοῦ μὲν ἀγροῦ δώδεκα μναῖ, τῶν δὲ οἰκιῶν τρεῖς: vgl. Salmas. de modo usur. p. 848. [Verpachtung von Weiden gegen ein ἐννόμιον s. Büchsenschütz, Besitz und Erwerb S. 73. Die im Texte angenommene Höhe der Verzinsung stützt Caillemer, Étud. VIII. p. 8 ff. durch Beispiele gegenüber maasslosen Annahmen.]

13) Thomas Mag. p. 762: τοὺς μισθοὺς καὶ τὰ ἐνοίκια κατὰ τὰς πρυτανείας, οὐ κατὰ μῆνα ἐτίλουν: von Böckh freilich auf Staatseigenthum beschränkt, ohne dass jedoch für seine Behauptung: „die Hausmiethe wurde wie die Zinsen monatlich bezahlt oder berechnet" ein sicherer Beweis vorläge. Bei Pachtungen waren die Fristen begreiflicherweise noch länger, Staatsh. N. A. S. 418. [Caillemer, Étud. VIII. p. 10. 11 entnimmt aus den Inschriften Böckh, C. J. I. n. 93. 103. 104 und der obigen von Munychia als Zahlungstermine durchgängig den ersten Monat des attischen Jahres, Hekatombaeon, dann den Poseideon oder noch zwei Termine: Gamelion und Thargelion.]

14) Demosth. c. Olympiod. §. 45: ἢ διὰ τί οὐ οὐδεπώποτέ μοι ἔλαχες ἐνοικίου δίκην τῆς οἰκίας ἧς ἕφασκες μισθῶσαί μοι ὡς σαυτοῦ οὔσαν, οὐδὲ τοῦ ἀργυρίου οὐ ἔλεγες πρό, τοὺς δικαστὰς ὅτι ἐδάνεισάς μοι; womit ich jedoch nicht nach Heffter S. 264 fgg. auch die δίκη καρποῦ verbinde und mich vielmehr in diesem ganzen Puncte der Ansicht von Hudtwalcker, Diaeteten S. 141 f. anschliesse. [Caillemer l. c. p. 15 zweifelhaft über diesen Ausschluss der δίκη καρποῦ von Klage bei Mieth-, wie Pachtcontrakten, jedenfalls bezieht sich καρπός nur auf Ertrag des Grundstückes, nicht auch von Gebäuden.]

15) C. Inscr. I, p. 132 und 142: ἐὰν δὲ μὴ ἀποδιδῶσιν, εἶναι ἐνεχυρασίαν καὶ ἐκ τῶν ὡραίων τῶν ἐκ τοῦ χωρίου καὶ ἐκ τῶν ἄλλων ἁπάντων τοῦ μὴ ἀποδιδόντος: vgl. unten §. 72, not. 16.

16) Stob. Serm. V. 67: καθάπερ καὶ ἐξ οἰκίας, φησὶν ὁ Βίων, ἐξοικιζόμεθα, ὅταν τὸ ἐνοίκιον ὁ μισθώσας οὐ κομιζόμενος τὴν θύραν ἀφέλῃ, τὸν κέραμον ἀφέλῃ, τὸ φρέαρ ἐγκλείσῃ κ. τ. λ.

17) Bekk. Anecdd. p. 20 oder 336: ἐπειδάν τις χωρίον παραλαβὼν ἀγεώργητον καὶ ἀνέργαστον ἐάσῃ, ἔπειτα ὁ δεσπότης δικάζηται τῷ παραλαβόντι. [Vgl. dazu Büchsenschütz, Besitz und Erwerb S. 93, der in παραλαβών nicht den Pächter, sondern einen sieht, dem irgend das Land als Unterpfand oder sonst wie anvertraut ist; es ist jedenfalls ein weiterer Ausdruck für den Uebernehmer der Ackerbenutzung, in dem aber der Pächter mit inbegriffen sein wird.]

18) Böckh C. J. n. 92: τὴν δὲ γῆν τὴν ἐκ τῆς γεωργίας μὴ ἐξεῖναι ἐξάγειν μηδεμιᾷ ἀλλ' εἰς αὐτὸ τὸ χωρίον. Hesych. I, p. 271; vgl. Meier A. P. S. 532. Nur im letzten Pachtjahre finden wir ausdrücklich bedungen, dass die Hälfte des Landes unbestellt bleibe, ὅπως ἂν τῷ μετὰ ταῦτα μισθωσαμίνῳ ἐνῇ ὑπεργάζεσθαι, C. Inscr. I, n. 103. p. 142. [Als

§. 67. *Von Miethen und Darleihen.* 521

Zeitpunkt des Anfangs für diese Arbeiten des Nachfolgers der 16. An-
thesterion, d. h. Anfang März angegeben.]

19) Inscr. I, n. 103. p. 141: ἐὰν δέ τις εἰσφορὰ γένηται ἀπὸ τῶν
χωρίων τοῦ τιμήματος, τοὺς δημότας εἰσφέρειν· τὴν δὲ ὕλην καὶ τὴν γῆν
μὴ ἐξέστω ἐξάγειν τοὺς μισθωσαμένους κ. τ. λ. [Vgl. Caillemer, Étud.
VIII. p. 11 f.]

20) Das. p. 132: ἐὰν δὲ πολέμιοι ἐξείργωσι ἢ διαφθείρωσί τι, εἶναι
Ἀξωνεῦσιν τῶν γενομένων ἐν τῷ χωρίῳ τὰ ἡμίσεα.

21) Demosth. pro Phorm. §. 35 fg., adv. Stephan. I, §. 33.

22) Daher auch ναῦλον in beiderlei Bedeutung, Fährgeld (§. 49,
not. 6) und Hausmiethe, Poll. I. 75: καὶ τὸν ἐπ᾽ ρ τῆς καταγωγῆς μισθὸν
ναῦλον, ὅπερ ἐνοίκιον οὐ παρὰ τοῖς πολλοῖς μόνον, ἀλλὰ καὶ παρὰ τοῖς
παλαιοῖς καλεῖται: ja der Hausherr selbst ναύκληρος, Poll. X, 20, obgleich
darunter auch oft nur ein Verwalter (§. 14, not. 9) oder Miether verstanden wird, der das Haus in Aftermiethe an Einzelne austhut, στα
μοῦχος, Hesych. II, p. 657, [Ammon, differ. voc. p. 97 vgl. dazu Böckh,
Staatsh. I. S. 198. 418. 707, Caillemer, Études etc. VIII. p. 8. Die
Frachtkosten (auch φόρτρον) oder das ναῦλον für Personen fast unbe-
greiflich niedrig auch im Verhältniss zur Waare, wenn wir mit Böckh
(Staatsh. I. S. 166) u. Caillemer (Étud. VIII. p. 31) die Angaben bei Plato
Gorgias 67 p. 511 D. von der κυβερνητική: ἐὰν μὲν ἐξ Αἰγίνης δεῦρο σώσῃ
οἶμαι δυ᾽ ὀβολοὺς ἐπράξατο, ἐὰν δ᾽ ἐξ Αἰγύπτου ἢ ἐκ τοῦ Πόντου —
σώσασα καὶ αὐτὸν καὶ παῖδας καὶ χρήματα καὶ γυναῖκας ἀποβιβάσασα
εἰς τὸν λιμένα δύο δραχμὰς ἐπράξατο auf die ganzen Transportkosten,
nicht blos auf die an den Steuermann zu zahlende Vergütung beziehen,
was im zweiten Beispiele unzulässig erscheint, da ja hier auch von χρή
ματα die Rede ist.]

23) Demosth. c. Phaenipp. §. 7: καὶ αὕτη μεγάλη πρόσοδός ἐστιν
αὐτῷ· ἐξ ὅσοι δι᾽ ἐνιαυτοῦ ὑλαγωγοῦσι καὶ λαμβάνει οὗτος πλέον ἢ δώ
δεκα δραχμὰς τῆς ἡμέρας: vgl. Mid. §. 174, und insbes. d. Erklär. des
Sprichworts: ὄνου σκιά bei Schol. Plat. Phaedr. p. 260 C oder Aristoph.
Vesp. 191, auch Zenob. VI. 28 und Suidas II, p. 700. [Zum Vertrag der
Miethe des Thieres gehört auch die βολίτου δίκη Schol. in Aristoph.
Equ. 658.]

24) Vgl. oben §.49, not. 17. 18, [Caillemer, Étud. VIII. 18ff. 33ff.] u.
die θεριστάς bei Demosth. c. Nicostr. §. 21, die nach dems. pro Corona
§. 51 auch als μισθωτοί gelten können.

25) Plat. Republ. II, p. 371 E: ἔτι δή τινες, ὡς ἐγῷμαι, εἰσὶ καὶ
ἄλλοι διάκονοι, οἳ ἂν τὰ μὲν τῆς διανοίας μὴ πάνυ ἀξιοκοινώνητοι ὦσι,
τὴν δὲ τοῦ σώματος ἰσχὺν ἱκανὴν ἐπὶ τοὺς πόνους ἔχωσιν· οἳ δὴ πω
λοῦντες τὴν τῆς ἰσχύος χρείαν, τὴν τιμὴν ταύτην μισθὸν καλοῦντες,
κέκληνται, ὡς ἐγῷμαι, μισθωτοί: vgl. Lysis p. 208 A, Polit. p. 290 A,
Aristoph. Av. 1152, Ath. VIII. 27 mit Schömann ad Isaeum p. 310, und
m. oben §. 12, not. 14 u. §. 41, not. 8 insb. aber auch Suid. I, p. 155:

ἀμφορεαφόρος ὁ κεράμια μισθοῦ φέρων, worunter übrigens eben eo wohl
ein ἀποφοράν φέρων, folglich ein Sclave, begriffen wird.
26) S. oben §. 36, not. 6, §. 38, not. 9, über Wahrsager G. A. §. 33,
not. 9, über Soldaten St. A. §. 30, not. 10. [und jetzt überhaupt oben
§. 50. Förmliche Malercontracte z. B. des Agatharchos, der erklärt:
ὡς οὐκ ἂν δύναιτο ταῦτα πράττειν ἤδη διὰ τὸ συγγραφὰς ἔχειν παρ'
ἑτέρων Andocid. c. Alcib. §. 17.]

§. 68.

Wenn übrigens auch alle diese Geschäfte schon an sich
eine Rechtverbindlichkeit begründeten, so konnte es doch bei
dem angedeuteten Charakter des griechischen Volkes und Staates selbst in den meisten Fällen räthlich erscheinen, sich die
Erfüllung derselben noch auf andere Art zu sichern, wozu dann
theils Pfandrecht theils Bürgenstellung, wo nicht Beides zusammen diente. [1]) Unterpfänder als Gegenversicherungen, wie wir
sie schon oben bei Mitgiften gefunden haben [2]), kommen selbst
bei Pachtverträgen vor, um namentlich für Waisenvermögen
gegen Verringerung des Grundstocks Gewähr zu leisten [3]);
sonst haben sie ihren gewöhnlichen Platz bei Darleihen, wo sie
dann entweder als Faustpfänder dem Gläubiger selbst über-
antwortet [4]) oder demselben in liegenden Gütern oder anderen
Theilen eines Capitalvermögens hypothekarisch zugeschrieben
wurden. [5]) Was jene betrifft, so war es verboten, Waffen, Pflüge
und andere nothwendige Geräthschaften als Unterpfand zu nehmen [6]); dagegen finden wir Sclaven [7]) und andere Stücke leben-
digen Eigenthums auch als Faustpfand, an dessen Benutzung
sich der Darleiher für die Zinsen bezahlt machte, obgleich er
anderseits im Falle ihres Todes auch sein Capital zu verlieren
Gefahr lief. [8]) Sicherer war in sofern ein hypothekarisches Darleihen, zumal wenn auch der Ertrag des Unterpfandes dem
Gläubiger als Zins zufiel [9]) oder für Unzulänglichkeit desselben
noch eine Generalhypothek im Hintergrunde stand [10]); nur lag
es in der Natur der Sache, dass Niemand auf liegende Hypotheken leihen durfte, dessen Person nicht zugleich den allgemeinen Bedingungen jedes Grunderwerbes entsprach [11]), und
jede staatsrechtliche Beschränkung dieses Erwerbes auch jenes

Pfandrecht mitbegriff. [12]) Jedenfalls aber verlieh eine Verpfändung das Recht zu sofortiger Besitzergreifung des verpfändeten
Gegenstandes [13]), sobald die Verbindlichkeit, für welche jene
geschehen war, nicht erfüllt ward; und bis dieselbe ganz erfüllt war, entbehrte der Eigenthümer der freien Verfügung
über das Unterpfand [14]), geschweige denn dass noch eine zweite
Verpfändung oder Veräusserung desselben erlaubt gewesen
wäre [15]), dergleichen zu verhüten wenigstens in Attika die verpfändeten Grundstücke an ihren Gränzen mit Steinen versehen
wurden, auf welchen ihre Gebundenheit zur öffentlichen Kenntniss
gebracht war [16]); [in Kyzikos fand sogar ein öffentliches Verkün-
den statt [17])]. Auch der Begriff der Bürgschaft brachte es mit
sich, dass der, welchem dieselbe bestellt war, sich sofort und
ohne vorher erst den Verbürgten ausgeklagt zu haben, an den
Bürgen selbst halten konnte [18]), während diesem keine weitere
Sicherheit als der Regress an den Verbürgten zustand; für
welches Rechtsverhältniss der Grieche dann auch schon frühe
ein ganz dem deutschen „den Bürgen soll man würgen" analo-
ges Sprichwort erhalten hatte. [19]) Mitunter erscheint der
Bürge freilich nur als der vermittelnde Bewahrer einer streitigen Sache, für die er also beiden Theilen zugleich bürgte [20]);
eine einseitige Bürgschaft aber konnte nur eben dadurch auf-
gehoben werden, dass der Gegenstand derselben aus der Gewalt des Verbürgten in die des Berechtigten überging [21]); und
die wesentlichste Erleichterung, die wenigstens das attische
Recht dem Bürgen gewährte, bestand darin, dass seine Verpflichtung nach Jahresfrist von selbst erlosch. [22]) Dagegen beschränkte sich dieses Verhältniss auch keineswegs auf die vorher berührten Geschäfte, sondern konnte für eine jede Verbindlichkeit im weitesten Sinne sowohl angeboten als verlangt
werden [23]); ja in vielen Vorkommenheiten des bürgerlichen
Rechtslebens, wie Vindicationen [24]), Provocationen [25]), Appel-
lationen [26]), Befristungen [27]). Compromissen [28]), Zahlungsanwei-
sungen [29]), Arresten [30]) war Bürgschaft entweder die einzige
oder doch die gebräuchlichste Form, von der alles weitere
Verfahren ausging; und eben so unerlässlich erscheint sie
dem Gemeinwesen gegenüber in allen Fällen, wo dieses sich

bestimmte Rechtsansprüche an Einzelne sichern zu müssen glaubte. [31])

1) Meier, att. Process S. 504 fg. 515 fg, Platner, Process II, S. 301 fg. 365 fg., [Caillemer, Études sur les antiquit. jurid. d'Athènes. III: sur le crédit foncier p. 9—15.]

2) Ἀποτιμήματα, Böckh, C. Inscr. II, p. 1056. Ross, Inscr. ined. II, p. 32; vgl. oben §. 30, not. 18.. [und Caillemer, Études etc. V. p. 35f.]

3) Poll. VIII. 142: ἀποτίμημα δ' ἐστιν οἷον ὑποθήκη, κυρίως μὲν πρὸς τὴν προῖκα, ἤδη δὲ καὶ πρὸς τὰς μισθώσεις: vgl. Harpocr. p. 41: οἱ μισθούμενοι τὰς τῶν ὀρφανῶν οἰκίας παρὰ τοῦ ἄρχοντος ἐνέχυρα τῆς μισθώσεως παρείχοντο, ἴδει δὲ τὸν ἄρχοντα ἐπιπέμπειν τινὰς ἀποτιμησημένους τὰ ἐνέχυρα κ. τ. λ. mit Böckh, C. Inscr. I, p. 485 und Isaeus de Philoct. §. 36; aber auch bei sonstigen Pachtungen, C. Inscr. n. 82 und 103.

4) Ἐνέχυρα, im weiteren Sinne des Worts allerdings jedes Unterpfand, ohne dass man es jedoch wie Platner ganz mit ὑποθήκη identificiren dürfte; vgl. Demosth. Apatur. §. 10, Spud. §. 11, Timoth. §. 52, Everg. §. 54. Ἐπιλαμβάνεσθαι ·· sich an etwas halten, Arrest legen auf einen Gegenstand Demosth. in Mid. §. 133. 176, in Pantaen. §. 7, Lacrit. §. 15, Alciphr. Ep. III. 3.

5) Ὑποθῆκαι, vgl. oben §. 49, not. 9 und Poll. III. 84 oder VIII. 142: θεῖναι μὲν οἰκίαν ἐστὶ τὸ δοῦναι εἰς ὑποθήκην, θίσθαι δὲ τὸ λαβεῖν, wesshalb auch der Verpfänder bisweilen θίτης heisst, Isaeus de Aristarch. §. 24; falsch dagegen Ammon. diff. vocab p. 70: θίσθαι μὲν γάρ ἐστι τὸ λαβεῖν, ὑποθίσθαι δὲ τὸ δοῦναι: vgl. Pierson ad Moer. p. 473. [C. Wescher scheidet drei Arten Hypotheken: 1) die des Darleihens auf die Güter des Schuldners; 2) die der Frau auf die Güter des Mannes; 3) die des unmündigen Kindes auf die Güter des Vormundes mit den Beispielen Böckh, C. J. I. n. 531 und dem neuesten: ὅρος χωρίου ἀπὸ τιμήματος Θεαιτήτου παιδὶ Κηφισοφῶντι Ἐπικηφισίου s. Rev. archéol. 1867. n. 1; vgl. Caillemer l. c. p. 14, Dens. Étud. V. p. 36ff., Étud. VIII. p. 27.]

6) Diodor. I. 79: ὅπλα μὲν καὶ ἄροτρον καὶ ἄλλα τῶν ἀναγκαιοτάτων ἐκώλυσαν ἐνέχυρα λαβεῖν πρὸς δάνειον. Jedoch vgl. Aristoph. Plut. 450: ποῖον γὰρ οὐ θώρακα ποίαν δ' ἀσπίδα οὐκ ἐνέχυρον τίθησιν ἡ μιαρωτάτη; Schiff verpfändet Alciphr. Ep. III. 3.

7) Demosth. c. Aphob. I. §. 25 fg.

·. 8) Lysias de Obtrect. §. 10: περὶ τῆς θέσεως τοῦ ἵππου· προσῆγε κάμνοντα τὸν ἵππον· ἀνάγειν με βουλόμενον οὗτος ἀποτρέπειν ἐπειρᾶτο ·.. μετὰ τὸν θάνατον τοῦ ἵππου κατέστη ἀντίδικος μετὰ τούτων λέγων, ὡς οὐ δίκαιόν με εἴη κομίσασθαι τὸ ἀργύριον κ. τ. λ.

9) Demosth. c. Spud. §. 5; vgl. Herald. Anim. p. 217 fg. [Vgl. Philippi, Frgmt. der demosth. Rede gegen Zenothemis in N. Jhbb. f. Philol. 1867. Heft 9. S. 577—595.]

10) Wie in dem Bodmereivertrage bei Demosth. adv. Lacrit. §. 12: *ἐὰν δὲ μὴ ἀποδῶσιν ἐν τῷ συγκειμένῳ χρόνῳ, τὰ ὑποκείμενα τοῖς δανείσασιν ἐξέστω ὑποθεῖναι καὶ ἀποδοῦναι τῆς ὑπαρχούσης τιμῆς· καὶ ἐάν τι ἐλλείπῃ τοῦ ἀργυρίου . . . ἔστω ἡ πρᾶξις τοῖς δανείσασι καὶ ἐκ τῶν τούτων ἁπάντων καὶ ἐγγείων καὶ ναυτικῶν, πανταχοῦ ὅπου ἂν ὦσι κ. τ. λ.*

11) Mithin nur Bürger und die solchen gleichgestellt waren, keine Metoeken, Demosth. pro Phorm. §. 6; eine Ausnahme, die aber die Regel nur bestätigt, s. Aristot. Oeconom. II. 4: *μετοίκων τινῶν ἐπιδεδανεικότων ἐπὶ κτήμασιν, οὐκ οὔσης αὐτοῖς ἐγκτήσεως, ἐψηφίσαντο τὸ τρίτον μέρος εἰσφέροντα τὸν βουλόμενον κυρίως ἔχειν τὸ κτῆμα.*

12) S. oben §. 63, not. 11 fg. und hier insbes. Aristot. Polit. VI. 2. 5: *ἐστὶ δὲ καὶ ὃν λέγουσιν Ὀξύλου νόμον εἶναι τοιοῦτόν τι δυνάμενος, τὸ μὴ δανείζειν εἴς τι μέρος τῆς ὑπαρχούσης ἑκάστῳ γῆς.*

13) Bekk. Anecdd. p. 249: *ἐμβατεία τὸ τὸν δανειστὴν ἐμβατεῦσαι καὶ εἰσελθεῖν εἰς τὰ κτήματα τοῦ ὑποχρέου:* vgl. Demosth. c. Apatur. §. 6 und Hudtwalcker, Diaeteten S. 139, über die unmittelbare Berechtigung aber insbes. das Gesetz adv. Spud. §. 7, *ὃς οὐκ ἐᾷ διαρρήδην, ὅσα τις ἀπετίμησεν, εἶναι δίκας οὔτ᾽ αὐτοῖς οὔτε τοῖς κληρονόμοις.* [Vgl. Böckh, Staatsh. I. S. 200, Büchsenschütz, Besitz und Erwerb S. 491.]

14) Demosth. c. Timoth. §. 11: *ἡ μὲν γὰρ οὐσία ὑπόχρεως ἦν ἅπασα καὶ ὅροι αὐτῆς ἕστασαν καὶ ἄλλοι ἐκράτουν.*

15) Demosth. adv. Nicostr. §. 10: *καὶ ὅτι τὸ χωρίον τὸ ἐν γειτόνων μοι τοῦτο οὐδεὶς ἐθέλοι οὔτε πρίασθαι οὔτε τίθεσθαι· ὁ γὰρ ἀδελφὸς . . . οὐδένα ἐᾴη οὔτε ὠνεῖσθαι οὔτε τίθεσθαι ὡς ἐνοφειλομένου αὐτῷ ἀργυρίου:* vgl. Dionys. Hal. de Isaeo p. 610.

16) Poll. III. 85: *ὅρους· ἐφιστάναι χωρίῳ· λίθος δ᾽ ἦν ἢ στήλη τις δηλοῦσα ὡς ἐστιν ὑπόχρεων τινι τὸ χωρίον· ἐπὶ δὲ τούτου ἐλέγετο ἐστίχθαι τὸ χωρίον, ὡς τὸ ἐναντίον ἄστικτον:* IX. 9. *τὸ ὑπόχρεων χωρίον τὸ ὡρισμένον καὶ ἡ ἐνεστηκυῖα στήλη ὅρος,* vgl. die übrigen Lexikographen s. v. *ἄστικτον* mit Böckh im Berl. Lect.verz. 1821 und oben §. 49, not. 11. [Solon Frgt. 36 (25) in Lyr. gr. ed. Bergk: *Γῆ μέλαινα τῆς ἐγώ ποτε ὅρους ἀνεῖλον πολλαχῇ πεπηγότας* mit Plut. V. Sol. c. 15, Aristid. ed. Dind. II. p. 536 mit der Darlegung von Caillemer l. c. p. 12 f. Angabe des Archonten, des Gläubigers, des Grundstückes und der geschuldeten Summe, z. B. *ἐπὶ Θεοφράστου ἄρχοντος ὅρος χωρίου τιμῆς ἐνοφειλομένης Φανοστράτῳ Παιανιεῖ XX. Ὅρος* der Häuser zur Hypothek der *προὶξ* s. Böckh, C. J. II. n. 2264.]

[17] Theophr. π. συμβολ. bei Stob. Serm. XLIV. 22: (*προκηρύττειν*) — *ὡσαύτως δὲ καὶ ἐπὶ τῶν ὑποθέσεων, ὥσπερ καὶ ἐν τοῖς Κυζικηνῶν* mit Caillemer l. c. p. 12, 2.]

18) Ἐγγυητὴς ὁ ἀναδεχόμενος δίκην, Bekk. Anecdd. p. 244; vgl.
Plato Legg. XII. p. 953c: ἐγγύην ἢν ἄν ἐγγυᾶταί τις διαρρήδην ἐγγυ-
άσθω τὴν πρᾶξιν πᾶσαν διομολογούμενος ἐν συγγραφῇ καὶ ἐναντίων
μαρτύρων μὴ ἔλαττον ἢ τριῶν ὅσα ἐντὸς χιλίων. τὰ δ᾽ ὑπὲρ χιλίας μὴ
ἔλαττον ἢ πέντε —. Demosth. adv. Lacrit. §. 15 und Theophr. Char. 12.

19) Ἐγγύα πάρα δ᾽ ἄτα. Plat. Charmid. p. 165; vgl. Epicharmus bei
Clem. Alex. Strom. VI. p. 626 und mehr bei v. Leutsch ad Paroemiogr.
I, p. 394 u. Göttling in Verh. d. Leipz. Ges. d. Wiss. I, S. 316. [jetzt
gesammelte Abhandl. aus d. kl. Alterth. l. 1851. S. 230f. Wichtig dass
γυῖα speciell auch αἱ χείρες genannt werden, Hesych. s. v. ἐγγυαλίξαι,
daher auch ἐγγυαλίξειν gleich ἐγχειρίζειν und dazu die römische manus.]

20) Harpocr. p. 196: μεσεγγύημα τὸ ὁμολογηθὲν ἀργύριον παρ᾽ ἀν-
δρὶ μέσῳ γινομένῳ ἐγγυητῇ τῆς ἀποδόσεως: vgl. Antiph. de Chor. §. 50,
Lysias adv. Philocr. §. 6, Isocr. de Sophist. §. 5, Demosth. adv. Boeot.
de nomine §. 3 und mehr bei Ast ad Plat. Legg. p. 510.

21) Demosth. adv. Apatur. §. 10: ἀπολυθῆναι τῆς ἐγγύης.

22) Das. §. 27: τὰς ἐγγύας ἐπιτείους εἶναι.

23) Dieses ist ἐγγυᾶν, noch häufiger διεγγυᾶν. Isocr. Trapez. §. 14,
oder κατεγγυᾶν. Polyb. V. 19; vgl. Meier, hon. damnat. p. 28. Dagegen
ἐγγυᾶσθαί τινα, sich für Jemanden verbürgen, Heind. ad Plat. Phaed.
p. 254, Schömann ad Isaeum p. 307.

24) S. oben §. 59, not. 15 und für Sachen Poll. VIII. 33: ἢν δὲ δίκη
καὶ εἰς ἐμφανῶν κατάστασιν καλουμένη, ὁπότε τις ἐγγυήσαιτο ἢ αὐτόν
τινα ἢ τὰ χρήματα, οἶον τὰ κλοπαία: vgl. Bekk. Anecdd. p. 246 und
mehr im Allg. bei Meier A. P. S. 274 und Platner, Process II, S. 297.

25) Demosth. adv. Pantaen. §. 40.

26) Poll. VIII. 60; vgl. Hudtwalcker S. 100.

27) Demosth. adv. Zenoth. §. 29.

28) Isaeus de Dicaeog. §. 1, Demosth. adv. Apatur. §. 15: ἐγγυηταὶ
καὶ διαιτηταὶ adv. Neaer. §. 69fg.

29) Harpocr. p. 236: Ἰσαῖος ἐν τῇ πρὸς Διοφάνην ἐπιτροπῆς ἀπο-
λογίᾳ φησί· τὸ μὲν παρὸν τόδε παρ᾽ ἑτέρων μεταλαβεῖν παρεγγύησεν,
ἀντὶ τοῦ παρέδωκεν ἐντειλάμενος ἑκατέρῳ, τῷ μὲν λαβεῖν, τῷ δὲ δοῦναι·
καὶ πάλιν φησί· τὰ μὲν ἐμοῦ διαλύσαντος, τὰ δὲ τοῦ γεωργοῦ παρεγγυη-
θέντος ἀντὶ τοῦ παραλαβόντος. [Wenn Cicero ad famil. II. 17. 4 an den
Proquaestor Sallustius schreibt: *Laodiceae me praedes accepturum ar-
bitror omnis pecuniae publicae, ut et mihi et populo cautum sit de vecturae
periculo*, so ist dies eine Art Assecuranzgeschäft, analog dem Seedarlehen.]

30) Demosth. adv. Apatur. §. 10: κατηγγύησα τοὺς παῖδας, ἵν᾽ εἴ
τις ἐνδεία γίγνοιτο, τὰ ἐλλείποντα ἐκ τῶν παίδων εἴη.

31) Vgl. St. A. §. 126, not. 4 und 14 und über die Haftbarkeit in
peinlichen Sachen Andoc. de Myst. §. 44: ᾤχοντο εἰς τοὺς πολεμίους
αὐτομολήσαντες, καταλιπόντες τοὺς ἐγγυητάς, οὓς ἔδει τοῖς αὐτοῖς ἐνέ-
χεσθαι· ἐν οἷσπερ οὓς ἠγγύησαντο.

§. 69.

Dass alle solche Verträge ausserdem in der Regel schriftlich aufgesetzt, von Zeugen bekräftigt und besiegelt [1]), auch wohl beschworen [2]) und bei unbetheiligten Dritten [3]), namentlich Wechslern oder Priestern [4]) niedergelegt zu werden pflegten, ist bereits oben bemerkt; [übrigens sind Urkunden nach griechischem Recht nur Beweismittel, kein Grund des Rechtes gewesen, formelle Verträge kennt dasselbe daher nicht. [5])] Im Einzelnen sind um so weniger durchgehende Bestimmungen über diese Formen möglich, als einer der obersten Rechtsgrundsätze in Griechenland die contrahirenden Personen hinsichtlich der einander aufzulegenden Bedingungen völlig autonom machte und der freien Vereinbarung in Beziehung auf die Betheiligten förmlich Gesetzeskraft beilegte. Nur gegen die Ordnungen und Interessen des Gemeinwesens durften sie nichts festsetzen [6]); worin dann auch wohl zugleich die Unverbindlichkeit der allerdings auch vorkommenden Verträge *in turpi causa* enthalten ist [7]); abgesehen aber davon erkannte die Gesetzgebung jede mit Vorbedacht und freiwillig [8]) erfolgte Einwilligung oder Uebereinkunft als zu Recht bestehend an, und ertheilte damit zugleich, wie es scheint, allen Vereinen und Genossenschaften, die im Staate bestehen oder sich bilden mochten, die nöthige juristische Persönlichkeit, um ihre Mitglieder zur Erfüllung ihrer eingegangenen Verbindlichkeiten anhalten zu können. [9]) Von Orts- oder Tempelgemeinden und bürgerlichen Körperschaften verstand sich dieses von selbst; eben diesen aber setzt die solonische und gewiss nicht bloss auf Attika beschränkte Verordnung [10]) ausdrücklich alle diejenigen gleich, welche sich zu Schifffahrt und Handel, zu gemeinschaftlichen Speisungen und Begräbnissen, zu gottesdienstlichen Festen und Gebräuchen, ja zu Raubzügen oder Kapereien zusammengethan hätten; und gewiss werden wir dahin auch die zahlreichen auf Wechselseitigkeit begründeten Unterstützungsvereine oder *ἔρανοι* rechnen dürfen, die selbst im gerichtlichen Verfahren Begünstigung und Beschleunigung ihrer Klagen genossen. [11]) [Eigene Versicherungsgesellschaften kommen seit

Alexander dem Grossen erst vor, und zwar scheint es, zuerst
zwischen den Sclavenbesitzern zur Sicherung des Schadens beim
Entlaufen. [12])] Aus demselben Grundsatze floss ferner das Recht,
bei einem Vertrage Conventionalstrafen zu stipuliren, die bei
säumiger Erfüllung desselben eintraten [13]); dessgleichen Rechts-
streitigkeiten durch compromissarisch bestellte Schiedsrichter
entscheiden zu lassen, bei deren Sprüchen sich die Betheiligten ohne Beschwerde oder Recurs zu beruhigen hatten [14]); und
besonders trat er endlich bei den zahlreichen Lieferungs- und
Unternehmungsgeschäften ein [15]), die zwar der Sprachgebrauch
auch als Mieth- oder Pachtverträge betrachtete, die aber dadurch wesentlich von diesen verschieden sind, dass hier der
Verpachter Geld zu zahlen, der Pachter hingegen zu empfan-
gen hat. [16]) Allerdings ist letzterer insofern auch wieder Vermiether, als er seine Geschicklichkeit oder Mühwaltung zur
Ausführung irgend eines verabredeten Werkes gegen Bezahlung
herleiht; bis dieses Werk aber beendigt und damit sein Anspruch auf den bedungenen Lohn begründet ist, bleibt er dem-
jenigen, der ihn angenommen hat, in ähnlicher Art wie der
Miether dem Vermiether verpflichtet, muss nöthigenfalls Bürgen stellen [17]), und wird vertragsmässig um so fester gebun-
den, je häufiger solche Unternehmungen nur Gegenstand ge-
winnsüchtiger Speculation sind. [18]) Für Staats- und Gemeinde-
bauten und andere öffentliche Arbeiten wurden solche Verträge
von den Behörden [19]) oder ernannten Commissarien [20]) nach
der Anweisung abgeschlossen, die sie durch Beschluss oder
Gutachten von Sachverständigen [21]) erhielten, und zu diesem
Ende auch wohl eine Concurrenz eröffnet, die selbst, wie es
scheint, eine contradictorische Form annehmen konnte [22]); nach
beendigter Arbeit aber bestellten die Verpachter sogenannte
Nachschätzer, die dieselbe zu prüfen und das Geleistete zu
würdigen hatten, um darnach die Zahlung zu leisten [23]); wofern man es nicht vorzog, den Unternehmer wiederum an den
Ertrag des Gebäudes anzuweisen und dadurch zugleich zu fer-
nerer baulicher Erhaltung desselben zu verpflichten. [24])

1) Vgl. oben §. 6, not. 13 und §. 49, not. 12 mit Schneiders krit. Jhrb. d. Rechtsw. 1847, S. 43; über Zeugen aber insbes. Demosth. adv. Onetor. I, §. 21: ἀλλ' οὐδὲ πρὸς ἄλλον οὐδ' ἂν εἰς οὐδένα τοιοῦτο συνάλλαγμα ποιούμενος ἀμάρτυρος ἂν ἔπραξεν: ja schon Hesiod. ἔργ. κ. ἡ. 373: καί τε κασιγνήτῳ γελάσας ἐπὶ μάρτυρα θέσθαι! [In Thurii mussten die Zeugen bei Abschliessung von Käufen zugegen sein (Theophrast π. συμβολ. bei Stob. Serm. XLIV. 22), in Kyzikos fand auch bei ὑποθέσεις ein προκηρύττειν fünf Tage, che dieselben gültig wurden, statt (Theophr. l. c.). Einen Schreiber, der Verträge aufsetzt, einen συμβολαιογράφος kennt der Papyrus Jomard in Paris s. Notices et Extraits XVIII. 2. p. 257. Zum Besiegeln der Verträge durch öffentliche oder religiöse Personen s. Suid. s. v. συσσημαίνεσθαι, δημοσία σφραγὶς Böckh, C. J. n. 2329. 2847. 3083 etc. bei Egger, Étud. histor. sur les traités publics etc. 1866. p. 59.]

2) Demosth. c. Olympiod. §. 10: ταῦτα δὴ πάντα προνοούμενοι ἐγράψαμεν τὰς συνθήκας καὶ ὅρκους ὠμόσαμεν, ὅπως μηθ' ἑκόντι μήτ' ἄκοντι μηδετέρῳ ἐξουσία ἡμῶν γένηται μηδ' ὁτιοῦν ἰδίᾳ πρᾶξαι: vgl. Isacus de Dicaeog. §. 7.

3) Isocr. Trapez. §. 20: ταῦτα δὲ συγγράψαντες καὶ ἀναγαγόντες εἰς ἀκρόπολιν Πύρωνα . . . δίδομεν αὐτῷ φυλάττειν τὰς συνθήκας, προστάξαντες αὐτῷ, ἐὰν μὲν διαλλαγῶμεν πρὸς ἡμᾶς αὐτούς, κατακαῦσαι τὸ γραμματεῖον, εἰ δὲ μή, Σατύρῳ ἀποδοῦναι: vgl. Demosth. c. Olymp. §. 12 und c. Apatur. §. 15: καὶ τὸ μὲν πρῶτον ἐτίθεντο τὰς συνθήκας παρὰ τῷ Φωκρίτῳ, εἶτα κελεύσαντος τοῦ Φωκρίτου παρ' ἄλλῳ τινὶ θέσθαι τίθενται παρὰ τῷ Ἀριστοκλεῖ. [Κατὰ τὰς στήλας τὰς πρὸς τῇ βασιλείῳ στοᾷ ἑστηκυίας, αἵπερ οὖν τὰ τῶν μισθώσεων ὑπομνήματα εἶχον, wird der dem Staat selbst zufallende Theil am Land der Hippoboten von Chalkis verpachtet Ael. V. Hist. VI. 1; Büchsenschütz, Besitz und Erwerb S. 62.]

4) Vgl. oben §. 48, not. 8 und G. A. §. 9, not. 5, sowie Gneist a. a. O. S. 442; auch C. Inscr. II, p. 1037: κατὰ τὰς διαθήκας τὰς κειμένας ἐν τῷ ἱερῷ τῆς Ἀφροδίτης καὶ παρὰ Εὐνομίδῃ τῷ ἄρχοντι καὶ παρὰ τῷ θεσμοθέτῃ Κτησιφῶντι.

[5) Gneist, formelle Verträge etc. S. 419 ff. insbes. S. 469 ff.]

6) Ἐὰν μή τι δημόσιον κωλύῃ: vgl. Aristot. Rhet. I. 15. 9: ἐνίοτε ὁ μὲν κελεύει κύρια εἶναι ἅττ' ἂν σύνθωνται, ὁ δὲ ἀπαγορεύει μὴ συντίθεσθαι παρὰ τὸν νόμον. [So werden harte, persönliche Dienstverhältnisse vertragsmässig eingegangen, s. Dio Chrysost. Or. XV. (I. p. 265 ed. Dind.): μύριοι δήπου ἀποδίδονται ἑαυτοὺς ἐλεύθεροι ὄντες ὥστε δουλεύειν κατὰ συγγραφὴν ἐνίοτε ὑπ' οὐδενὶ τῶν μετρίων ἀλλ' ἐπὶ πᾶσι τοῖς χαλεπωτάτοις.] Plato Legg. XI. p. 920d macht daher bei Erfüllung von Verträgen folgende berechtigte Ausnahmen: πλὴν ὧν ἂν νόμοι ἀπείργωσιν ἢ ψήφισμα ἢ τινος ὑπὸ ἀδίκου βιασθεὶς ἀνάγκης ὁμολογήσῃ καὶ ἐὰν ἀπὸ τύχης ἀπροσδοκήτου τις ἄκων κωλυθῇ —.

H. III.   34

530　　　*Th. IV. Rechtliche Zustände.*

7) Aeschin. c. Timarch, §. 72. 158. 160 fg. Poll. VIII. 140, vgl. Meier
A. Proc. S. 496 und 535, der dieses um so weniger hätte bezweifeln
sollen, als dort gerade für den *ἐκ συνθήκης ἠτιρηκώς* die Atimie als
unzweifelbaft vorausgesetzt wird. [Vgl. Caillemer, Étud. VIII. p. 34 ff.]

8) Das heisst *οὐχ ὑπ' ἀνάγκης ὁμολογήσας οὐδὲ ἀπατηθείς· οὐδὲ
ἐν ὀλίγῳ χρόνῳ ἀναγκασθεὶς βουλεύσασθαι*, Plat. Crit. p. 52 E; vgl.
Meier S. 497.

9) Plat. Symp. p. 196 C: *ἃ ἂν τις ἑκὼν ὁμολογήσῃ, φασὶν οἱ τῆς
πόλεως βασιλῆς νόμοι δίκαιον εἶναι*: vgl. Isocr. c. Callim. §. 24: *τὰς
ἰδίας ὁμολογίας δημοσίᾳ κυρίας ἀναγκάζετε εἶναι*, auch Demosth. c.
Everg. §. 77, c. Dionysod. §. 2, c. Olymp. §. 54, und insbes. c. Phaenipp.
§. 12: *κυρίας εἶναι τὰς πρὸς ἀλλήλους ὁμολογίας, ἃς ἂν ἐναντίον μαρτύρων ποιήσωνται.*

10) Gajus in l. 3 Dig. XLVII. 22 de colleg. et corporibus: *sodales
sunt, qui ejusdem collegii sunt, quam Graeci ἑταιρίαν vocant; his autem
potestatem facit lex, pactionem, quam velint, sibi ferre, dum ne quid ex
publica lege corrumpant; sed haec lex videtur ex lege Solonis translata
esse, nam illic ita est: ἐὰν δὲ δῆμος ἢ φράτορες ἢ ἱερῶν ὀργίων* (l. ὀρ-
γεῶνες) *ἢ ναῦται ἢ σύσσιτοι* (Isaeus de Nicostr. §. 18) *ἢ ὁμόταφοι ἢ
θιασῶταί* (G. A. §. 8, not. 6 fgg.) *ἢ ἐπὶ λίαν* (l. λείαν) *οἰχόμενοι ἢ εἰς
ἐμπορίαν, ὅ τι ἂν τούτων διαθῶνται πρὸς ἀλλήλους, κυρίαν εἶναι, ἐὰν
μὴ ἀπαγορεύσῃ δημόσια γράμματα*: vgl. die Wechselschriften von Salmas. Observ. ad J. A. et R. p. 89 fgg. und Herald. Observ. c. 42 oder
Anim. p. 81—96, und was sonst bei Harles ad Fabric. Bibl. II, p. 53
citirt ist, neuerdings aber insbesond. Osann ad Pompon. de orig. juris.
Giessen 1848. 8, p. 158 fgg., Meier im Hall. Lect.verz. 1848—49, [sowie
Petersen, Geh. Gottesdienst. Hamburg 1848. S. 23 ff. 38 und in Ztschr.
f. Alterthumsw. 1853. S. 47; zu der Verbindung *ἐπὶ λείαν* Egger, Étud.
histor. sur les traités publics etc. 1866. p. 35.]

11) Vgl. St. A. §. 146, not. 9 mit der Hauptschrift: van Holst, de
eranis Graecorum inprimis ex jure attico Lugd. B. 1832. 8 und Mitthei-
lungen aus A. F. Ribbecks schriftl. Nachlass, Berl. 1848. 8., S. 143 fgg.
mit Meier A. P. S. 540 fg., Thiersch in Abhh. d. Bayr. Akad. 1834, Philol. Cl. I, S. 680 fg., St. John, Hell. III, p. 76 fg., Böckh, Staatsh. N. A.
I, S. 346; insbes. auch die Inschrift in Zeitschrift f. d. Alterth. 1840,
S. 1089: *ὄρος χωρίου πεπραμένου ἐρανισταῖς*, und Poll. VIII. 144: *ἔοικε
δ' ἂν τοῖς ἐρανισταῖς καὶ οἱ συμμορίται, καὶ τὸ παρ' Ὑπερίδῃ μετοι-
κικῆς συμμορίας ταμίας. Τὸ κοινὸν τῶν ἐρανιστῶν* Curtius Inscr. XII.
p. 20 mit Wallon Mém. de l:Acad. d. Inscr. et B. L. 1853. p. 271, *ἀρ-
χερανιστῆς* Keil Sched. epigr. p. 39, *ἀρχερανίζειν* Ross, Inscr. gr. II.
p. 18, Keil, Inscr. Boeot. p. 96. Bezeichnend der Ausdruck *διενεγκεῖν
τοὺς ἐράνους* im Gegensatz zu *εἰσφέρειν* und zusammengestellt mit *τοῖς
χρήσταις ἀποδοῦναι τὰ ὀφειλόμενα* Lycurg. in Leocr. 22. Dagegen *τοὺς
ἐράνους ἐπιμόνους ποιεῖν* d. h. das Einzahlen der Beiträge anhalten.

den Termin verschieben, *ἕως ἂν λάβῃ τὰ τοῦ πολέμου κρίσιν* Polybius XXXVIII. 3.

(12) Egger, Mémoires histor. sur les traités publics dans l'antiquité in Mém. de l'Acad. des Inscript. et B. L. XXIV. 1869. p. 39—40, Étud. histor. s. l. traités publics p. 65 nennt das von Böckh, Staatsh. d. Ath. I, S. 102 bereits besprochene Verfahren des Rhodiers Antimenes zu Babylon bei Aristot. Oeconom. II. 2. 34: *πάλιν δὲ πορίζων τἀνδράποδα τὰ ἐπὶ στρατοπέδῳ ὄντα ἐκέλευσε τὸν βουλόμενον ἀπογράφεσθαι ὁπόσου ἐθέλει, μέλλειν δὲ τοῦ ἐνιαυτοῦ ὀκτὼ δραχμὰς ἀποτῖσαι, ἂν δὲ ἀποδρᾷ τὸ ἀνδράποδον, κομίζεσθαι τὴν τιμὴν ἣν ἀνεγράψατο· ἀπογραφέντων μὲν πολλῶν ἀνδραπόδων οὐκ ὀλίγον συντελεῖ ἀργύριον· εἰ δέ τι ἀποδρᾴη ἀνδράποδον, ἐκέλευε τὸν σατράπην τῆς (χώρας) ἐν ᾗ ἐστὶ τὸ στρατόπεδον, ἀνασώζειν ἢ τὴν τιμὴν τῷ κυρίῳ ἀποδοῦναι*, exemple curieux et unique, je crois dans l'antiquité de ces pactes d'assecurance, qui joient un si grand rôle dans l'économie financière des sociétés modernes, Caillemer. Étud. sur les antiquit. jurid. II. p. 17 ff. beurtheilt richtig die angeblichen Feuerassecuranzen der Römer.]

13) *Τὰ ἐπιτίμια τὰ ἐκ τῆς συγγραφῆς*, Demosth. adv. Phorm. §. 26; vgl. adv. Dionysod. §. 20 und adv. Nicostr. §. 10: *ὅτι ἐν ταῖς συγγραφαῖς εἴη τριάκονθ᾽ ἡμερῶν αὐτὸν ἀποδοῦναι ἢ διπλάσιον ὀφείλειν*. [In der §. 67 not. 2 abgedruckten Miethurkunde auch ein *ὀφείλειν αὐτὸν τὸ διπλάσιον* als Conventionalstrafe ausgesprochen, in der Pariser Papyrusurkunde n. VII. τὸ *ἡμιόλιον* ausser dem Geliehenen, n. VIII: *ταῦτα καὶ τὸ ἡμιόλιον*, bei einem Mitgiftvertrag n. XIII: *ἀποτίνειν αὐτὸν τὴν φερνὴν σὺν τῇ ἡμιολίᾳ* s. Caillemer, Étud. sur les antiq. jur. IV. p. 24 ff.]

14) Demosth. Mid. §. 94: *ἐὰν δέ τινες περὶ συμβολαίων ἰδίων πρὸς ἀλλήλους ἀμφισβητῶσι καὶ βούλωνται διαιτητὴν ἑλέσθαι ὁντινοῦν, ἐξέστω αὐτοῖς αἱρεῖσθαι, ὃν ἂν βούλωνται διαιτητήν· ἐπειδὰν δὲ ἕλωνται κατὰ κοινόν, μενέτωσαν ἐν τοῖς ὑπὸ τούτου διαγνωσθεῖσι καὶ μηκέτι καταφερέτωσαν ἀπὸ τούτου ἐφ᾽ ἕτερον δικαστήριον ταὐτὰ ἐγκλήματα, ἀλλ᾽ ἔστω τὰ κριθέντα ὑπὸ τοῦ διαιτητοῦ κύρια*: vgl. adv. Theocrin. §. 20: *προσήκει τοὺς ἀντιδίκους ὑπὲρ μὲν τῶν ἰδίων, ὅπως ἂν αὐτοὺς πείθωσι, διοικεῖσθαι πρὸς ἀλλήλους*, u. Lucian. Bis abd. c. 11: *ἢν δέ τινες ἑκόντες αὐτοὶ σύνθωνται δικαστάς καὶ προελόμενοι ἐπιτρέψωσι διαιτᾶν, οὐκέτι δίδωσιν ὁ νόμος εἰς ἕτερον ἐφεῖναι δικαστήριον*: [auch Plato Legg. XI. p. 920 d: *ὅσα τις ἂν ὁμολογῶν ξυνθέσθαι μὴ ποιῇ κατὰ τὰς ὁμολογίας — δίκας εἶναι τῶν ἄλλων ἀτελοῦς ὁμολογίας ἐν ταῖς φυλετικαῖσι δίκαις, ἐὰν ἐν διαιτηταῖς ἢ γείτοσιν ἔμπροσθεν μὴ δύνωνται διαλλάττεσθαι*] mit Hudtwalcker, Diaeteten S. 173 fg., Meier, die Privatschiedsrichter und die öffentlichen Diaeteten Athens, Halle 1846. 4.. [sowie Egger l. c. p. 67—77.]

15) *Ἐργυλαβεῖα* oder *ἐργωνία*, Polyb. VI. 17. 5; zunächst bei Bauten, Sintenis ad Plut. V. Pericl. c. 13, Böckh, Staatsh. N. A. I, S. 286; aber auch in sonstiger Beziehung häufig, von Künstlern, Xenoph. M.

532   Th. IV. Rechtliche Zustände.

Socr. III. 1. 2, Strab. VIII, p. 354 (Panaenos in Olympia συνεργολάβος
seines Oheims Phidias), Plut. V. Pelop. c. 25, Schol. Aristoph. Pac. 602,
κατὰ συγγραφήν, Andoc. c. Alcib. §. 17, Demosth. Cor. §. 122; von Feld-
arbeiten, Demosth. c. Nicostr. §. 21: ὁπότε γὰρ οἱ ἄνθωποι οὗτοι ἢ
ὀπώραν πρίαιντο ἢ θέρος μισθοῖντο ἐκθερίσαι ἢ ἄλλο τι τῶν περὶ γεωρ-
γίαν ἔργων ἀναιροῖντο: von Lieferungen für Festlichkeiten, ἀπομισθοῦν
τοὺς στεφάνους, C. Inscr. n. 2144, vgl. Poll. VII. 200: συνθηματιαίους
δὲ στεφάνους εἴρηκεν Ἀριστοφάνης τοὺς ἠργολαβημένους, οὓς οἱ νῦν
ἐκδοσίμους λέγουσι· φατέον δὲ ἐπὶ μὲν τοῦ ἐκδιδόντος ἔργον ὅτιοῦν τὸ
ἐργοδοτεῖν, ἐπὶ δὲ τοῦ ἐργαζομένου τὸ ἐργολαβεῖν, und im Allg. Bekk.
Anecdd. p. 259: ἐργολάβος ὁ ὑπὲρ τινῶν ἔργων μισθὸν λαμβάνων καὶ
ἔχων τοὺς συνεργαζομένους. [Technische Ausdrücke: ἐκδιδόναι ἔργον τῷ
δημιουργῷ, dagegen von Seiten des Arbeiters ἀναιρεῖσθαι ἔργον, weiter
ἀποδιδόναι μισθὸν für das προσαμείβεσθαι ἔργον von dem Arbeitnehmer. Die
bei diesen Contrakten und der danach erfolgenden Abschätzung der ausge-
führten Arbeiten beliebten Conventionalstrafen und sonstige rechtliche Ordnung spricht Plato Legg. XI. p. 921 aus: ἂν δή τις δημιουργῶν εἰς χρόνον
εἰρημένον ἔργον μὴ ἀποτελέσῃ διὰ κάκην — πρῶτον μὲν δίκην τῷ θεῷ
ὑφέξει (an Hephaestos u. Athene), δεύτερον δὲ ἑπόμενος αὐτῷ νόμος κείσθω·
τὴν τιμὴν τῶν ἔργων ὀφειλέτω, ὧν ἂν τὸν ἐκδόντα ψεύσηται καὶ πάλιν
ἐξαρχῆς ἐν τῷ ῥηθέντι χρόνῳ προῖκα ἐξεργαζέσθω. — ἐὰν δέ τις ἐκδούς
αὖ δημιουργῷ μὴ ἀποδῷ τοὺς μισθοὺς ὀρθῶς κατὰ τὴν ἔννομον ὁμολογίαν
γενομένην — νόμος ὁ βοηθῶν ἔστω τῷ τῆς πόλεως ξυνδέσμῳ μετὰ θεῶν·
ὃς γὰρ ἂν προσαμειψάμενος ἔργον μισθοὺς μὴ ἀποδιδῷ ἐν χρόνοις τοῖς
ὁμολογηθεῖσι διπλοῦν πραττέσθω, ἐὰν δὲ ἐνιαυτὸς ἐξέλθῃ, — οὗτος τῇ
δραχμῇ ἑκάστου μηνὸς ἐπωβελίαν κατατιθέτω. Genaue Feststellung der
Leistungen bei Miethen von Personen s. Xenoph. de re equestr. 2, 2: χρὴ
μέντοι ὥσπερ τὸν παῖδα ὅταν ἐπὶ τέχνην ἐκδῷ, συγγραψάμενον ἃ δεήσει
ἐπιστάμενον ἀποδοῦναι οὕτως ἐκδιδόναι.]

16) Vgl. Herod. II. 180: Ἀμφικτυόνων δὲ μισθωσάντων τὸν νηὸν
τριηκοσίων ταλάντων ἐξεργάσασθαι. oder Demosth. Mid. §. 155: ταλάντου
μισθοῦσι τὰς τριηραρχίας, d. h. geben, sie in Entreprise, wogegen μισθοῦσθαι s. v. a. ἐκλαμβάνειν, übernehmen, Herod. V. 62, Demosth. Nicostr.
§. 21 und Müller de munim. Athen. Gott. 1836. 4., p. 39fgg. Nur der
Person, die ein Werk übernehmen soll, gegenüber kann μισθοῦσθαι auch
vom ἐργοδότης gesagt werden, wie pro Cor. §. 51 oder Aelian. V. Hist.
XIV. 17: Ἀρχέλαον εἰς τὴν οἰκίαν τετρακοσίας μνᾶς ἀναλῶσαι, Ζεῦξιν
μισθωσάμενον, wogegen es vom ἐργολάβος heissen würde: ἐμισθώσατο
τὴν οἰκίαν τετρακοσίων μνᾶν ὥστε καταγράψαι: s. schon Budaei Comm.
I. gr. p. 876. [Wichtige Inschrift aus Tegea für Baugesetzgebung s.
Philol. XX. 3. S. 344 mit Bergk, de titulo Arcadico und Michaelis in
N. Jhbb. f. Philol. LXXIII. LXXIV. S. 65: die ἐκδοτῆρες, ἐργῶναι, ἐρ-
γάται, κοινᾶνες ἐπὶ τῶν ἔργων, die Aufsichtsbehörde, Kriegsfall, Beschädigung anderer Bauten, Uebernahme mehrerer Bauten kommen dabei in Betracht.]

17) Vgl. C. Inscr. n. 2266 und Rangabé Antiqu. hellén. I, p. 47 n.
52: μισθωτὴς Διονυσόδωρος . . . ἐγγυητὴς Ἡρακλείδης κ. τ. λ.
18) Daher *callidus redemtor* Horat. Epist. II. 2. 72; vgl. die Erkl.
zu I. 1. 77 oder Juven. Satir. III. 30, und die Charakteristik bei Ma-
netho Apotelesm. IV. 330 fg.
19) Athen. VI. 27: εἰς τὴν ἐπισκευὴν τοῦ νεὼ . . . διδόναι τὸ ἀργύριον, ὁπόσου ἂν οἱ τῶν ἱερῶν ἐπισκευασταὶ μισθώσωσι: vgl. Meier
Schiedsrichter S. 58.
30) Böckh C. Inscr. II, p. 278: ἑλέσθαι δὲ ἄνδρα ὅστις ἐκδώσει τὴν
στήλην καὶ στήσει καὶ ἐπιμελὲς ποιήσεται ὅπως ἀναγραφῇ τόδε τὸ ψήφισμα·
τὸ δὲ ἐσόμενον ἀνάλωμα δότω ὁ ταμίας ἀπὸ τῆς ἐγκυκλίου διοικήσεως
καθότι ἂν συντελίσῃ ὁ ἐκδότης κ. τ. λ.
21) Vgl. Müller l. c. und die von Lebas mitgetheilte Inschrift in
Revue de Philol. I, p. 267: τοὶ δὲ πωληταὶ ἀποδόσθων καθ' ἃ κα ὁ
ἀρχιτέκτων συγγράψῃ, ὅπως ἐργασθῇ πετ' ἀναμαρτίας: wo unter dem
ἀρχιτέκτων wie C. Inscr. n. 160 und Rangabé n. 56 nicht wie sonst der
Bauunternehmer, sondern der Staatsbaumeister zu verstehen ist; s. Böckh,
Staatsh. N. A. S. 287. [Wichtig in Ephesus die *lex vetusta — dura
conditione sed jure non iniquo constituta* bei der Uebernahme öffentlicher Bauten Vitruv. Praef. l. X: *nam architectus cum publicum opus
curandum recipit, pollicetur quanto sumptu id sit futurum; tradita aesti-
matione magistratui bona ejus obligantur, donec opus sit perfectum. Eo
autem absoluto, cum ad dictum impensa respondit, decretis et honoribus
ornatur. Item si non amplius quam quarta in opere consumitur, ad
aestimationem adjicienda, de publico praestatur neque ulla poena tene-
tur, cum vero amplius quam quarta in opere consumitur, ex ejus bonis
ad perficiendum pecunia exigitur.* Zur Vergleichung dienen die *leges
publicae* in Rom für Bauwesen Vitruv. II. 8, wie die durchgehende *pro-
batio* der Beamten zunächst der Censoren bei Bauten s. Mommsen, C.
Inscr. Lat. I. not. ad n 110. 5.]
22) Eine solche scheint in der freilich arg verdorbenen Urkunde C.
Inscr. n. 2266 vorgesehen, die Böckh so restaurirt hat: ὁ δὲ ἐργωνήσων
δραχμὰς ἑκατὸν δυὸς τοῦ ψεύδους, πρὶν ἐργωνεῖν, ἐργωνείτω, ὁ δὲ νι-
κήσας τῇ δίκῃ τοῦ ψεύδους ἐγγυητὰς καταστησάτω τῆς ἀληθείας, πρὶν
ἄν τι τῶν ἔργων ἀνέληται· ἐπειδὰν δὲ καταστήσῃ τῆς ἀληθείας ἐγγυητάς, τελείσθω ὁ τοῦ ψεύδους ἑαλωκὼς τὸ ἐπιτίμιον, mit der Bemerkung: *de dicy ψεύδους instituenda agitur inter plures, qui liceantur,
redemptores . . . qui vicisset ea lite, is jam probatus habebatur et debe-
bat veri sponsores dare.* Sonst ist dasselbe Verfahren wie bei Versteige-
rung öffentlicher Güter oder Einkünfte vorauszusetzen; daher auch πρίασθαι s. v. a. μισθώσασθαι, Poll. IX. 33.
23) Ἐπιτιμηταί, Harpocr. p. 122 u. C. Inscr. I. n. 102; vgl. auch
n. 2266: ἐπειδὰν δὲ συντελεσθῇ τὸ ἔργον, ἐπαγγειλάτω ὁ ἐργώνης τοῖς
ἐπιστάταις καὶ τῷ ἀρχιτέκτονι, ἀφ' ἧς δ' ἂν ἡμέρας ἐπαγγείλῃ, ἀποφαι-

νέσθωσαν τὴν δοκιμασίαν ἐν δέκα ἡμέραις· ἐὰν δὲ μὴ δέκα ἡμερῶν δυ-
κιμάσωσι, καθαρὰ ἔστω τὰ ἔργα καὶ τὸ ἐπιδέκατον ἀποδότωσαν τῷ ἐρ-
γώνῃ· δοκιμάσουσι δὲ αὐτοὶ καὶ κατὰ μέρος ἕκαστον τῶν ἔργων καὶ συμ-
πάντων τῶν ἔργων σύμπασαν τὴν ἐργασίαν· ἐὰν δὲ πλείονες ἐργῶναι
ὦσι καὶ κατὰ μέρη διέλωνται τὰ ἔργα, ἐάν τι ἀμφισβητῶσι πρὸς ἀλλήλους, διακρινέτωσαν ἐπισταταὶ ἐν τῷ ἱερῷ καθίσαντες κ. τ. λ.

24) Wie bei dem athenischen Theaterpächter oder ἀρχιτέκτων, Böckh,
Staatsb. N. A. 1. S. 308.

§. 70.

Ausser den Verträgen konnten inzwischen auch noch andere
Thatsachen des gesellschaftlichen Lebens Rechtsverbindlichkei-
ten begründen, zu welchen es theilweise nicht einmal der Einwilligung des Verpflichteten bedurfte. Wo diese nöthig war,
konnte das Geschäft allerdings auch die Form eines wirklichen
Vertrags annehmen [1]); aber wie selbst Darleihen mitunter ohne
Verschreibung oder Zeugen bloss auf Treue und Glauben gegeben wurden [2]), so war dieses der Natur der Sache nach noch
häufiger bei anvertrautem Gute [3]) der Fall, für dessen Verun-
treuung oder Vorenthaltung [4]) der Empfänger jedenfalls dem
Eigenthümer verantwortlich und ersatzpflichtig blieb, wenn
auch eine peinliche Behandlung dieser Unredlichkeit, wie §. 63
bemerkt ist, den griechischen Rechtsgrundsätzen zuwiderlief:
und Aehnliches gilt von jeder andern Täuschung des Vertrauens,
die auch ohne förmlichen Vertrag den leichtsinnigen Borger [5]),
ungetreuen Geschäftsführer [6]) u. s. w. bürgerlich haftbar machte.
[Umgekehrt war ein Regress, ἀναφορά von den ausführenden
Vertretern einer grösseren Gemeinschaft an diese selbst, so von
Trierarchon an die Besitzenden der Bürgerschaft möglich. [7])]
Denn jede Einbusse, die durch fremde Schuld erlitten war, be-
gründete einen Entschädigungsanspruch, der der Verfolgung
directer Rechte völlig gleich galt: ein Vortheil, den Jemand
dem Andern entzogen oder verscherzt hatte, ward betrachtet
als ob er ihn sich selbst angeeignet hätte [8]); und darauf be-
ruht wenigstens im attischen Rechte der weite Umfang der
Schädenklage, die weit entfernt sich auf unmittelbare Beschä-
digungen fremder Personen oder Sachen zu beschränken, alle
Benachtheiligungen eines Einzelnen umfasste, die nicht unter

den Gesichtspunkt einer besonderen Rechtswidrigkeit gebracht
werden konnten.[9]) Für wirkliche Körperverletzungen hatte
ohnehin das ältere griechische Recht vielmehr den Grundsatz
der Talion oder Vergeltung des Gleichen mit Gleichem [10]), oder
es überantwortete dem Beschädigten den Thäter selbst [11]), wie
dieses auch nach dem solonischen Gesetze wenigstens hinsichtlich solcher Thiere, die einen Schaden zugefügt hatten, der
Fall war [12]); doch findet sich daneben allerdings schon bei
Homer die Geldbusse selbst für Tödtungen [13]), und wo nicht
wie bei letzteren später religiöse oder staatspolizeiliche Rück-
sichten eine andere Behandlung erheischten, scheint diese Ent-
schädigungsart immer mehr die Oberhand behalten zu haben,
wo denn freilich der Hausvater auch für alle Verschuldung
seiner Hausgenossen und Sclaven einstehen musste.[14]) Nur
wo die gesetzlich bestimmten Vorsichtsmaassregeln beobachtet
waren, wofür Solon sehr in's Einzelne gehende Fürsorge ge-
troffen zu haben scheint [15]), fiel jene Verantwortlichkeit weg;
sonst aber traf sie nicht nur Handlungen, wodurch sich Jemand
irgendwie benachtheiligt halten konnte [16]), sondern auch Unter-
lassungen, wie z. B. das Ausbleiben eines Zeugen in einem
Rechtshandel [17]), insofern sich der dadurch erlittene Schaden
schätzen liess; und konnte selbst durch Nachlässigkeiten oder
Versehen, wie irrige Zahlungsleistung an einen unberechtigten
Dritten [18]), begründet werden Dass dabei für Absichtlichkeit
der Beschädigung doppelter Ersatz geleistet werden sollte [19]),
beweist, dass Solon auch die sittlichen Seiten dieser Rechts-
fragen nicht übersehen hatte; ihr privatrechtlicher Charakter
aber wird dadurch in Nichts geändert.

1) Wenigstens einer ὁμολογία, im Gegensatze der förmlichen συνθῆκη,
Vales. ad Harpocr. p. 250, was übrigens nur auf die Beweiskräftigkeit,
nicht auf die Rechtsverbindlichkeit Einfluss hat; denn jede Einwilligung
vor Zeugen gilt schon einem Vertrage gleich; s. §. 69, not. 8.

2) Ἡρόδοτον δάνεισμα τὸ ἄνευ συμβόλου, Poll. II. 152: οὗτος γὰρ
πολλοὺς τῶν πολιτῶν δίκας λαγχάνων πολλὰ χρήματα εἰςπέπρακται γρά-
φων εἰς τὰ ἐγκλήματα „ἔβλαψέ με ὁ δεῖνα οὐκ ἀποδιδοὺς ἐμοὶ τὸ ἀργύριον ὃ κατέλιπεν ὁ πατήρ ὀφείλοντα αὐτόν ἐν τοῖς γράμμασιν" καίτοι εἰ
ᾐτιᾶτο τὰ γράμματα, ἐκ ποίων γραμμάτων τὰς δίκας ἐλάγχανες; Beweis aus Handelsbüchern? Demosth. pro Phorm. §. 20. [Ἡρόδοτον ἄχοη-

536	*Th. IV. Rechtliche Zustände*

μάτιστον δάνειον Hesych. s. v., Demosth. in Timoth. 2, Diod. I. 79.
Dies geschah den νόθοι vielfach gegenüber, die nicht erbberechtigt
waren: διὰ χειρὸς ἐδίδοσαν, aber dabei ist dann an unmittelbaren Besitz
zu denken Schol. in Arist. Av. 1663. Vgl. Büchsenschütz, Besitz u. Erwerb S. 482.]

3) Παρακαταθήκη δόμα μετὰ πίστεως, Plat. defin. p. 415; auch
παραθήκη, Lobeck ad Phrynich. p. 313; vgl. Wytt. ad Plut. S. N. V.
p. 61 und über ihr Rechtsverhältniss insbes. Isokrates im Τραπεζιτικὸς
und ἀμάρτυρος πρὸς Εὐθύνουν mit Starke de Isocr. oratt. forensibus,
Berl. 1845. 8.

4) Ἀποστερεῖν, Poll. VI. 154, lat *infitiari*, Seneca de ira II. 9; vgl.
Aristot. Problem. XXIX. 2 und Schol. Aristoph. Plut. 373: ἀποστερῶ
ἐστίν, ὅταν παρακαταθήκην τινὸς λαβὼν εἰς διαβολὴν χωρήσω καὶ οὐκ
ἐθέλω διδόναι αὐτῷ ἃ ἔλαβον.

5) Ath. XIII. 95. p. 612 c: οἱ κάπηλοι οἱ ἐγγὺς οἰκοῦντες, παρ᾿ ὧν
προδόσεις λαβὼν οὐκ ἀποδίδωσι, δικάζονται αὐτῷ συγκλείσαντες τὰ κα-
πηλεῖα. Dass für schuldiges Kaufgeld auch Zinsen berechnet wurden,
zeigt Demosth. c. Spudiam. §. 8.

6) Καθυφέσεως δίκη, *actio mandati*, Poll. VIII. 143. Allerdings
wird καθυφιέναι häufiger von der *praevaricatio* des öffentlichen Anklä-
gers gesagt, vgl. Hemsterh. ad Lucian. I, p. 300 u. Weber ad Demosth.
Aristocr. p. 373; aber was dieser dem Staate, das ist der Mandatar dem
Vollmachtgeber gegenüber, dessen Pflichtwidrigkeiten gewiss auch gerichtlich zu verfolgen möglich war; s. Petiti L. A. p. 643.

7) Demosth. in Timocr. 13: ὑμᾶς μὲν εἰσπράττειν τοὺς τριηράρχους,
ἐκείνοις δ᾿ εἶναι περὶ αὐτῶν εἰς τοὺς ἔχοντας ἀναφοράν. [Harpocr. s. v.
ἀναφοράν mit Anführung von Dem. de cor. §. 219.]

8) Demosth. pro Phano §. 36: περὶ μὲν γὰρ ὧν καθυφῆκας, νόμος
ἐστὶ διαρρήθην, ὃς κελεύει σε ὁμοίως ὀφλισκάνειν, ὥσπερ ἂν αὐτὸς ἔχῃς:
vgl. die Klage des Dinarch gegen Proxenus bei Dionys. de Dinarcho c.

9) Δίκη βλάβης. s. Herald. Anim. p. 208, Meier A. P. S. 475, Platner, Process II, S. 369. .[Klage auf Ersatz für den am Sclaven durch
dessen Folterung erlittenen Schaden, wobei ἐπιγνώμων der Abschätzer
ist Demosth. in Neaer. 124, in Pantacnet. 40; Aristoph. Plut. 623 mit
Büchsenschütz, Besitz und Erwerb S. 147.]

10) Vgl. den Spruch des Rhadamanthys bei Aristot. Eth. Nic. V. 5:
εἴ κε πάθοι τά κ᾿ ἔρεξε, δίκη κ᾿ ἰθεῖα γένοιτο, und das Gesetz des Zaleukus oder Charondas bei Demosth. Timocr. §. 140 und Diod. XII. 17:
ἐάν τις ὀφθαλμὸν ἐκκόψῃ, ἀντεκκόψαι παρασχεῖν τὸν ἑαυτοῦ, dessen
ebendaselbst berichtete Verschärfung Diog. L. I. 57 sogar Solon zuschreibt: καὶ ἐὰν ἕνα ὀφθαλμὸν ἔχοντος ἐκκόψῃ τις, ἀντεκκόπτειν τοὺς
δύο: inzwischen lässt jedenfalls der Zusatz bei Demosthenes: καὶ οὐ
χρημάτων τιμήσεως οὐδεμιᾶς, darauf schliessen, dass das Recht seiner
Zeit im Gegensatze des lokrischen vielmehr die Milderung einer Geldbusse angenommen hatte.

§. 71. Vom Erlöschen des Eigenthums. 537

11) Plut. V. Lycurg. c. 11.

12) Plut. V. Solon. c. 24: ἔγραψε δὲ καὶ βλάβης τετρακόρων νόμον.
ἐν ᾧ καὶ κύνα δακόντα παραδοῦναι κελεύει κλοιῷ τριπήχει δεδεμένον:
vgl. Hölscher de vita Lysiae p. 178.

13) Iliad. IX. 633; XVIII. 498.

14) S. Lysias adv. Theomnest. l. §. 19: οἰκήος (d. h. θεράποντος.
Harpocr. p. 212) καὶ δούλης τὴν βλάβην εἶναι ὀφείλειν, wie unstreitig
mit Herald. Animadv. p. 358 für καὶ βλάβης τὴν δούλην zu lesen ist;
Schellings Vorschlag de Solon. legib. p. 138, βλάβης τὴν διπλῆν zu lesen, lässt sich mit dem obersten Principe not. 19 schwer vereinigen.

15) Vgl. das Gesetz oben §. 63, not. 25, auch Diog. L. I. 57: δακτυ-
λιογλύφῳ μὴ ἐξεῖναι σφραγίδα φυλάττειν τοῦ πραθέντος δακτυλίου.

16) Eine Klage wegen damnum emergens erwähnt Demosth. adv.
Callicl. §. 3 fg., wegen lucrum cessans adv. Apatur. §. 13; selbst wegen
Contractbruchs bei Gemeindeverträgen gegen die Urheber desselben Böckh
C. Inscr. n. 93: ἐὰν δέ τις εἴπῃ ἢ ἐπιψηφίσῃ παρὰ τάςδε τὰς συνθήκας, πρὶν τὰ ἔτη ἐξελθεῖν τὰ τετταράκοντα, εἶναι ὑπόδικον τοῖς μισθω-
ταῖς τῆς βλάβης, d. h. allerdings nur für den wirklich erwachsenden Schaden, nicht etwa für den Versuch, was βλάβις ohne Artikel heissen würde.

17) Demosth. c. Timoth. §. 20: νυνὶ δὲ Αντιφάνει εἴληχα βλάβης
ἰδίαν δίκην, ὅτι μοι οὔτ᾽ ἐμαρτύρησεν οὔτ᾽ ἐξωμόσατο κατὰ τὸν νόμον:
vgl. Plat. Legg. XI, p. 937 A.

18) Demosth. c. Callipp. §. 14: λαγχάνει αὐτῷ δίκην . . . ἐγκαλέσας
βλάπτειν ἑαυτὸν ἀποδιδόντα Κηφισιάδῃ τὸ ἀργύριον, ὃ κατέλιπε Λύκων
ὁ Ἡρακλεώτης παρ᾽ αὐτῷ, ἄνευ αὐτοῦ ὁμολογήσαντα μὴ ἀποδώσειν.

19) Demosth. c. Mid. §. 43: οἱ περὶ τῆς βλάβης νόμοι πάντες, ἂν
μὲν ἑκών τις βλάψῃ, διπλοῦν, ἂν δ᾽ ἄκων, ἁπλοῦν τὸ βλάβος κελεύουσιν
ἐκτίνειν: vgl. Dinarch. c. Demosth. §. 60 und βλάβης auch Plat. Legg.
VIII, p. 843 lg.

§. 71.

Dass dem Berechtigten auf jedes Recht, worüber ihm sonst
freie Verfügung zustand, freiwillig oder vertragsmässig auch
ganz zu verzichten gestattet war, versteht sich von selbst [1]),
und wenn es auch streitig gewesen zu sein scheint, inwieweit
die Verzichtleistung auf eine Erbschaft von den auf dieser
haftenden Verbindlichkeiten betreien konnte [2]), so war doch
jedenfalls einem Schuldner möglich durch Abtretung seines
ganzen Vermögens sich seiner Gläubiger zu entledigen [3]); ausserdem aber konnte jede Art von dinglichen Rechten theils durch
Verjährung theils durch Confiscation verloren gehen. Die Ver-

jährung war allerdings zunächst nur eine Einrede, welche
Rechtsansprüchen entgegengesetzt werden konnte, wenn die ge-
setzliche Zeit verflossen war, binnen welcher sie hätte geltend
gemacht werden sollen [4]; darin war jedoch folgerecht ein Er-
löschen dieser Ansprüche selbst mit dem Ablaufe des gedach-
ten Zeitraumes enthalten, der bei Bürgschaften, wie oben §. 68
bemerkt, ein Jahr, in den meisten übrigen Fällen fünf Jahre
betrug [5], [für Besitz an Immobilien aber überhaupt nicht bestimmt war]; und nur wo der Nichtverfolgung derselben eine
von dem Gegner verschuldete Täuschung zu Grunde lag, scheint [?]
auch das attische Recht wie das römische keine Verjährung zuge-
lassen zu haben. [6] [Bei gewissen Criminalklagen, wie Sacrilegium,
Hochverrath, Mord, vorsätzlicher Verletzung ist Verjährung nicht
gesetzlich, anders bei solchen, die einen rein politischen Charakter an sich tragen. [7]] Was die Confiscation betrifft, so fiel
natürlicherweise alles herrenlose Gut als solches dem Staats-
schatze anheim [8]; durch amtlichen oder richterlichen Spruch
aber konnte auch jeder Privatbesitz ganz oder theilweise in
das öffentliche Eigenthum übergehen [9]. und auch ohne den
Missbrauch, den entartete Staatsformen mit diesem Rechte trie-
ben, kann es bei seiner grossen Ausdehnung zu den organi-
schen Erscheinungen des griechischen Rechtslebens gerechnet
werden. Selbst Geldbussen kann man im weiteren Sinne des
Wortes dahin rechnen, zumal da es lediglich von äusserlichen
Umständen abhing, ob sie das ganze Vermögen eines Mannes
erschöpften oder nicht [10]; daneben kamen inzwischen auch Be-
schlagnahmen von Naturalgegenständen, insbesondere bei Um-
gehungen der Zoll- und Steuergesetze vor [11], und jedenfalls
konnte eine Geldbusse, wie jede andere Schuld an den Staat,
bei säumiger Entrichtung die Einziehung des schuldnerischen
Vermögens selbst zur Folge haben. In Athen wenigstens wuchs
eine solche Schuld, wofern sie nicht vor Ablauf des ersten
Jahres bezahlt war, um das Doppelte, und berechtigte zugleich
den öffentlichen Schatz, sich sofort an der Habe des Säumigen
selbst bezahlt zu machen [12], an welchen oder seine Rechtsnachfolger nur der etwaige Ueberschuss zurückerstattet ward [13];
eine Strenge, die übrigens noch häufiger als gegen die Ueber-

treter wirklicher Strafgesetze gegen die Pächter öffentlicher
Güter oder Gefälle [14]) sammt ihren Bürgen [15]) in Anwendung
gekommen zu sein scheint. Ausserdem war die Einziehung des
ganzen Vermögens noch gewöhnlich Folge mancher peinlichen
Strafen, namentlich wegen Hochverraths, Sacrilegiums [16]), vor-
sätzlichen Todtschlags [17]), wie denn jede lebenslängliche Verbannung die Güter des Verbannten sofort herrenlos und damit
zum Staatseigenthume machte [18]); ja schon mit dem Verluste
der staatsbürgerlichen Rechte konnte in manchen Fällen auch
der des Vermögens als Schärfung verbunden werden. [19]) Die
solchergestalt für den Staat erworbenen Vermögensstücke wurden in der Regel zum öffentlichen Verkaufe ausgesetzt [20]), allerdings mit Vorbehalt der Rechte Dritter, [wie der Frauen, die
vorweg die Zurückerstattung der *dos* verlangen konnten,] die
inzwischen ihrer Sache sehr gewiss sein mussten, um nicht
durch die grossen damit verknüpften Kosten und Gefahren von
ihrer Geltendmachung abgeschreckt zu werden. [21])

1) Demosth. adv. Phaenipp. §. 19: δίδωμι αὐτῷ δωρεάν καὶ ἀφίστα-
μαι μετὰ τῆς ἄλλης οὐσίας καὶ τῶν ἐν τοῖς ἔργοις; vgl. in Neaeram §. 53:
διαλλάττεται πρὸς τὸν Φράστορα καὶ ἀφίσταται τῆς προικός etc.; vgl.
das Gesetz pro Phorm. §. 25 oder adv Nausim. §. 5: περὶ ὧν ἄν τις
ἀπῇ καὶ ἀπαλλάξῃ, μὴ δικάζεσθαι, mit Schömann, att. Process S. 635
und 700.

2) S. Demosth. adv. Lacrit. §. 4 und 44, wo übrigens der Beklagte
die Erbschaft bereits angetreten zu haben scheint.

3) Ἀποστῆναι τῆς οὐσίας, ἐκστῆναι, παραχωρῆσαι τῶν χρημάτων, Poll
VIII. 145; vgl. Aristoph. Ach. 615: οἷς ὑπ' ἰράνου τε καὶ χρεῶν πρώην ποτὶ
— ἅπαντες ἐξίστω παρήνουν οἱ φίλοι. Demosth. c. Apatur. §. 25, c. Pantaen. §. 49, c. Steph. I. §. 61, pro Phorm. §. 25: ἔγραψεν ὁ τὸν νόμον
θεὶς ὧν μὴ εἶναι δίκας ὅσα τις ἀφῆκεν ἢ ἀπήλλαξεν, §. 50: ἐπειδὴ δια-
λύειν ἐδέησεν οἷς ὤφειλον, ἐξίστησαν ἁπάντων τῶν ὄντων u. s. w.

4) Poll. VIII. 57: παραγραφή, ὅταν τις μὴ εἰσαγώγιμα εἶναι λέγῃ
τὴν δίκην . . . ἢ ὡς ἀφειμένος ἢ ὡς τῶν χρόνων ἐξηκόντων, ἐν οἷς ἔδει
κρίνεσθαι: Demosth. in Aristocr. §. 80: ἢ καὶ, παρεληλύθασιν οἱ χρόνοι
ἐν οἷς ἔδει τούτων ἕκαστα ποιεῖν mit Westermann ad l. l. vgl. Schömann, Process S. 636 und Platner I, S. 138 fgg. [sowie St. A. §. 141.
not. 5.]

5) Προῦσαμία, Harpocr p. 262; vgl. Demosth. pro Phorm. §. 25,
adv. Nausim. §. 27: τοῦ νόμου πέντε ἐτῶν τὴν προθεσμίαν δεδωκότος,
und näher das. §. 17: διαρρήδην λέγει, ἐὰν πέντε ἔτη παρέλθῃ καὶ μὴ

δικάσωνται, μηκέτ' είναι ταϊς ορφανοίς δίκην περί των έκ της επιτροπής εγκλημάτων: und Isaeus de Pyrrhi. hered. §. 58: ό δέ νόμος πέντε έτων κελεύει δικάσασθαι του κλήρου, έπειδάν τελευτήση ό κληρονόμος: [Plato Legg. XI. p. 928 c], im Allg. aber Isocr. Archid. §. 26: αλλά μήν ουδ' έκεϊν' ύμάς λέληθεν, ότι τάς κτήσεις και τάς ιδίας και τάς κοινάς, ήν έπιγένηται πολύς χρόνος, κυρίας και πατρώας άπαντες είναι νομίζουσιν. [Vgl. jetzt Caillemer, Études sur les ant. jurid. d'Athènes VII: la Prescription à Athènes. Paris 1869, welcher ausgeht von den wichtigen Stelle Plato Legg. XII. p. 954 c, die Hermann mit den Worten praescriptionis terminos suo arbitrio descripsisse videtur (De vestig. institut. veter. 1836. p. 66) ohne Grund bei Seite geschoben. Es wird da geschieden zwischen Immobilien (χωρία οίκήσεις τε) und Mobilien (τά άλλα); für jene gilt keine αμφισβήτησις; für diese wird der unangefochtene offene Gebrauch wieder unterschieden, als ein solcher κατ' άστυ και κατ' αγοράν και ιερά und als ein solcher κατ' αγρούς, der Gebrauch έν αφανεϊ dagegen geschieden κατ' οίκίας έν άστει, κατ' αγρούς und έν αλλοδημία und es gelten bei Plato dafür die Fristen von 1, 5, 3, 10 Jahren, für den letzten Fall wieder μηδεμίαν προθεσμίαν είναι της έπιλήψεως.]

6) Gell. XVII. 7: legis veteris Atiniae verba sunt: quod subreptum erit, ejus rei aeterna auctoritas esto; und dass Aehnliches auch der solonische προθεσμίας νόμος enthalten habe, zeigt der Gegensatz bei Demosth. pro Phorm. §. 27: τοϊς μέν γάρ άδικουμένοις τά πέντε έτη ίκα τον ήγήσατ' είναι είσπράξασθαι, κατά δέ τών ψευδομένων τον χρόνον ένόμισε σαφέστατον έλεγχον έσεσθαι. [Diese Stelle enthält, wie Caillemer l. c. p. 9 ff. richtig bemerkt, den im Text ausgesprochenen Grundsatz durchaus nicht, im Gegentheil für den darin gemachten Gegensatz: οι άδικούμενοι und οί ψευδόμενοι wird eben die gleiche Frist als richtig und genügend anerkannt.] Auch für Erbklagen, wie Schömann ad Isaeum p. 432 gegen Platner richtig ausgeführt hat, trat die Verjährungsfrist erst mit dem Tode des nächsten Erben ein, weil dieser besseren Ansprüchen gegenüber immer als malae fidei possessor gelten konnte. [Caillemer l. c. p. 13 ff. belegt diese auffallende Ordnung der Verjährungsfrist bei Erbklagen durch Beispiele der Redner z. B. Isae. de Arist. heredit. §. 18, de Pyrrh. hered. §. 57, de Dicaeog. heredit. 7, 35, bestreitet aber die im Vorstehenden gegebene Begründung.]

[7) Caillemer l. c. p. 23–31. Zu den letztern gehört die γραφή παρανόμων und ευθύνης.]

8) Meier, de bon. damnat. p. 148 fg.

9) Δημόσιον γίγνεσθαι, auch δημεύεσθαι oder δημοσιεύεσθαι, Hesych. I, p. 928, Meier p. 160 fg., [Böckh, Staatsb. I. S. 316 ff.]

10) Böckh, Staatsh. N. A. 1, S. 494 fg.

11) Άτελώνητον, Zenob. I. 74, Diogenian. II. 21; vgl. Demosth. Mid. §. 133: χλανίδας δέ και κύμβια και κάδους έχων, ών έπελαμβάνοντο οί πεντηκοστολόγοι, und die στέρησις oben §. 60, not. 17.

12) Andoc. de Myster. §. 73: οἱ μὲν ἀργύριον ὀφείλοντες τῷ δημοσίῳ, ὁπόσοι εὐθύνας ὤφειλον ἄρξαντες ἀρχάς, ἢ ἐξούλης ἢ γραφὰς ἢ ἐπιβολὰς ὤφλον, ἢ ὠνὰς πριάμενοι ἐκ τοῦ δημοσίου μὴ κατέβαλον τὰ χρήματα, ἢ ἐγγύας ἠγγυήσαντο πρός τὸ δημόσιον, τούτοις ἡ μὲν ἔκτισις ἦν ἐπὶ τῆς ἐνάτης πρυτανείας, εἰ δὲ μή, διπλάσιον ὀφείλειν καὶ τὰ κτήματα αὐτῶν πεπρᾶσθαι. [Diese Verdoppelung als Strafzuschlag hiess auch προσκατάβλημα nach Schol. ad Demosth. Timocr. p. 731. mit Telfy C. J. A. n. 892. p. 529 und Philol. XVI. S. 365.] Vgl. Meier, bon. damn. p. 137 u. Process S. 243, Platner II, S. 111—138, Böckh N. A. I. S. 507 f.

13) Demosth. c. Boeot. de dote §. 20: δημευθείσης τῆς Παμφίλου οὐσίας.... τὰ περιγινόμενα χρήματα ὁ πατὴρ ὁ ἐμὸς ἔλαβεν ἐκ τοῦ βουλευτηρίου.

14) Νόμοι τελωνικοὶ, Demosth. Timocr. §. 96, vgl. C. L. Blum Proleg. p. 32 fg. und Böckh N. A. S. 452 fg.

15) Demosth. c. Nicostr. §. 27: οἵ γε νόμοι κελεύουσι τὴν οὐσίαν εἶναι δημοσίαν, ὃς ἐγγυησάμενός τι τῶν τῆς πόλεως μὴ ἀποδιδῷ τὴν ἐγγύην.

16) Xenoph. Hell. I. 7. 22: ἐάν τις ἢ τὴν πόλιν προδιδῷ ἢ τὰ ἱερὰ κλέπτῃ, κατακριθέντα ἐν δικαστηρίῳ, ἂν καταγνωσθῇ, μὴ ταφῆναι ἐν τῇ Ἀττικῇ, τὰ δὲ χρήματα αὐτοῦ δημόσια εἶναι.

17) Demosth. Mid. §. 43: τοὺς μὲν ἐκ προνοίας ἀποκτιννύντας θανάτῳ καὶ ἀειφυγίᾳ καὶ δημεύσει τῶν ὑπαρχόντων ζημιοῦσι; vgl. Aristocr. §. 45 und Poll. VIII. 99: πιπράσκονσι τὰς τῶν ἐξ Ἀρείου πάγου μετὰ τὸν πρότερον λόγον φυγόντων οὐσίας καὶ τὰ δεδημευμένα. Auch für τραῦμα ἐκ προνοίας schliesst es Hölscher de vita Lysiae p. 55, aus dessen Rede über diesen Gegenstand §. 18: ὅτι περὶ τῆς πατρίδος μοι καὶ τοῦ βίου ὁ ἀγών ἐστι, obgleich Plat. Legg. IX, p. 877 anders bestimmt.

18) S. Meier, bon. damnat. p. 97 fg.

19) S. Meier p. 142 und oben §. 58, not. 6.

20) Δημιόπρατα, Aristoph. Vesp. 679; vgl. Meier p. 211 fg. u. Böckh N. A. I. S. 516 fg. II. S. 143 fl. mit dem Verkaufsprotokolle bei Rangabé Antiqu. hell. I. p. 394 und Auszügen aus ähnlichen bei Poll. X.

21) Etymol. M. p. 340: καταδικασθέντων τινῶν δημοσιεύεσθαι τὰς οὐσίας, εἰ λέγοιέν τινες, ὡς εἴησαν δανεισταὶ τῶν δημευομένων, ἀπογράφεσθαι τούτους ἐκέλευον, πότε καὶ πόσον ἐδάνεισαν ἀργύριον· ὅπερ ἔλεγον ἐνεπίσκημμα καὶ ἐνεπισκήψασθαι, εἰ μέντοι γε παρίστων ἐγγυητὰς τοῦ μὴ ἂν διαψεύσασθαι περὶ τοῦ δανείσματος οἱ δανείσαντες, τοῦτο ἐγγυης καταβολὴν ἔλεγον· ἐξῆν δὲ τῇ γυναικὶ πρῶτον τὴν ὀφειλομένην προῖκα ζητεῖν, καὶ τῷ δανειστῇ τὸ ὄφλημα: vgl. St. A. §. 140, not. 12 f. [sowie Telfy C. J. A. n. 899 c. comment. p. 531] und über das Succumbenzgeld von einem Fünftheile die Lexikogr. s. v. παρακαταβολὴ mit Böckh N. A. II. S. 478. [Zur Sache überhaupt vgl. Caillemer, Études etc. V. p. 32 ff., der auf den Ausdruck ἐνεπίσκημμα d. h. προσφώνησις γυναικὸς δημευομένης οὐσίας περὶ προικὸς ὀφειλούσης αὐτὴν ἐξ αὐτῆς λαμβάνειν Bekk. Anecdd. I. p. 260 aufmerksam macht.]

§. 72.

Was dagegen die Wege betrifft, welche die griechische
Staatsgemeinschaft ihren Mitgliedern zur Behauptung concreter
Rechte gegen Einzelne darbot, so sind darunter die Spuren
der ursprünglichen Selbsthülfe auch später noch nicht ganz
verwischt, so sehr auch gerade ein Verdienst des geordneten
Staatslebens und der bürgerlichen Gesetzgebung darein gesetzt
wird, den Menschen der Selbsthülfe überhoben und dadurch
zugleich dem Missbrauche derselben vorgebeugt zu haben. [1]
Aber Nothwehr gegen persönliche Angriffe, wie sie nach ältester
Rechtsansicht überall als straflos galt [2], blieb es auch vor dem
positiven Gesetze [3] wenigstens gegen häuslichen Friedbruch [4]
und wegelagerischen Anfall [5]; sogar den Angehörigen eines
Getödteten gestattete dasselbe statt des flüchtigen oder aus-
wärtigen Mörders, den ihre Rache nicht erreichen konnte, drei
der Seinigen, seiner Landsleute oder derer, welche ihn in
Schutz nahmen, als Geisseln festzuhalten [6]; und selbst im dinglichen Rechtsgebiete begegnet sie uns noch unmittelbar in der
alterthümlichen Form der Haussuchung, welche derjenige, der
entwendetes Gut bei einem Mitbürger versteckt glaubte, in
Person, nur, um seinerseits keinen Verdacht zu erregen, mög-
lichst entkleidet vornehmen musste [7]; wenn gleich die eigent-
liche Sphäre der Selbsthülfe auf diesem Gebiete erst da ein-
trat, wo sie durch richterlichen Spruch begründet und berechtigt war. Denn in den Gerichten sollte allerdings die nächste
Gewähr für jeglichen Rechtsschutz liegen [8], wie denn bereits
Zaleukus den thatsächlichen Besitz einer streitigen Sache bis
zum richterlichen Austrage dem letzten *bonae fidei possessor*
zugesichert hatte [9]; und während andere Gesetzgebungen sich
allerdings auf den Schutz gegen Gewalt beschränkt, gegen Be-
einträchtigungen und Verluste aus freiwillig eingegangenen Ge-
schäften den Einzelnen auf seine eigene Vorsicht angewiesen
zu haben scheinen [10], lieh die attische jedem Rechtsanspruche
dergestalt Gehör, dass auch der Selbsthülfe, welcher sie die
**Vollstreckung eines richterlichen Spruchs überliess, nur die
durchgehende Ansicht von der unmittelbaren Rechtskraft** eines

solchen Spruchs vorschwebte [und gab die Möglichkeit der Be-
schreitung verschiedener Rechtswege in vielen Fällen[11]. Daher
klagte man auch in der Executionsinstanz zunächst auf den
Ertrag eines zugesprochenen Eigenthums, um dann erst zu der
Substanz desselben überzugehen[12]; noch deutlicher aber spricht
sich jene Rechtsansicht bei der gewöhnlichen *actio rei judicatae*
theils schon in dem Namen δίκη ἐξούλης[13]), theils in dem
Poenalcharakter derselben aus, indem eine jede Vorenthaltung
des gerichtlich Zugesprochenen als eine Vergewaltigung betrachtet ward, die den Berechtigten aus seinem Eigenthume
verdrängte.[14]) Aus diesem Gesichtspunkte muss es dann auch
gewürdigt werden, wenn wir neben diesen Klagen dem Betheiligten auch ein Pfändungsrecht zur Wahl gestellt sehen, nach
welchem derselbe in Begleitung einer obrigkeitlichen Person[15])
dem zielfälligen Schuldner jedes beliebige Aequivalent abneh-
men[16], ja nach Umständen von dessen unbeweglichem Eigenthume Besitz ergreifen[17]) konnte. Nur die persönliche Schuldhaft beschränkte Athen auf die privilegirten Forderungen des
Staats[18]) und der Kaufleute[19]), bei welchen letztern ausserdem
wohl immer noch Bürgschaft an deren Stelle treten konnte;
und öffentliche Beschimpfung des bösen Zahlers, wie in Boeotien[20]), fällt entschieden roheren Gesetzgebungen anheim, gleichwie anderswo z. B. in Sparta auch die Rechtskraft der abge-
urtheilten Sache keineswegs so unbedingt wie in Athen galt.[21])
Wie gross diese dagegen hier war, zeigt nicht bloss der Umfang der darauf zu begründenden Einreden[22]), sondern auch
namentlich die Seltenheit der als ein Zeichen des Staatsver-
falles betrachteten Begnadigung nach dem Richterspruch und
auch rescissorischer Rechtsmittel gegen volksgerichtliche Sprüche,
dergleichen eigentlich nur in drei Fällen zulässig waren[23]); in
allen andern stand dem Verletzten nur eine neue Entschädi-
gungsklage gegen den siegreichen Gegner oder dessen Zeugen
zu, durch welche dieser einen falschen Spruch erschlichen
hatte; und dass dieses Verfahren auch nicht Athen allein eigen
war, lässt die Angabe voraussetzen, welche die ἐπίσκηψις oder
Streitverkündigung gegen die Zeugen als eine Erfindung des
Charondas bezeichnet.[24]) [Hierher gehört auch die Klage

544   *Th. IV. Rechtliche Zustände.*

ψευδοκλητείας und ψευδεγγραφῆς, gerichtet gegen die, welche
fälschlich Personen als Schuldner des Staates vor Gericht geladen oder haben einzeichnen lassen; ein dreimaliger glücklich
geführter Process desshalb hatte persönliche Atimie für den
Beklagten zur Folge. ²⁵)]

1) Demosth. adv. Conon. §. 17—19: οἱ μὲν γὰρ νόμοι πολὺ τἀναν-
τία καὶ τὰς ἀναγκα:ας προφάσεις, ὅπως μὴ μείζους γίγνωνται, προειδόντο, οἷον ... εἰσὶ κακηγορίας δίκαι· φασὶ τοίνυν ταύτας διὰ τοῦτο γί; νε-
σθαιν, ἵνα μὴ λοιδορούμενοι τύπτειν ἀλλήλους πρυάγωνται· πάλιν αἰκίνς
εἰσί, καὶ ταύτας ἀκούω διὰ τοῦτ' εἶναι τὰς δίκας, ἵνα μηδεὶς, ὅταν ἥτ-
των ᾖ, λίθῳ μηδὲ τῶν τοιούτων ἀμύνηται μηδενί, ἀλλὰ τὴν ἐκ τοῦ νόμου δίκην ἀναμένῃ· τραύματος πάλιν εἰσὶ γραφαὶ τοῦ μὴ τιτρωσκομένων
τινῶν φόνους γίγνεσθαι· τὸ φαυλότατον οἶμαι, τὸ τῆς λοιδορίας, πρὸ
τοῦ τελευταίου καὶ δεινοτάτου προεώρασαι, τοῦ μὴ φόνον γίγνεσθαι
μηδὲ κατὰ μικρὸν ὑπάγεσθαι, ἐκ μὲν λοιδορίας εἰς πληγάς, ἐκ δὲ πληγῶν εἰς τραύματα, ἐκ δὲ τραυμάτων εἰς θάνατον, ἀλλ' ἐν τοῖς νόμοις
εἶναι τούτων ἑκάστου τὴν δίκην, μὴ τῇ τοῦ προστυχόντος ὀργῇ μηδὲ
βουλήσει ταῦτα κρίνεσθαι. Lycurg. in Leocr. §. 4: τρία γάρ ἐστι τὰ μέ-
γιστα ἃ διαφυλάττει καὶ διασώζει τὴν δημοκρατίαν καὶ τὴν τῆς πόλεως
εὐδαιμονίαν, πρῶτον μὲν ἡ τῶν νόμων τάξις, δεύτερον δ' ἡ τῶν δικα-
στῶν ψῆφος, τρίτον δ' ἡ τούτοις τἀδικήματα παραδιδοῦσα κρίσις· ὁ μὲν
γὰρ νόμος πέφυκε προλέγειν ἃ μὴ δεῖ πράττειν, ὁ δὲ κατήγορος μηνύειν
τοὺς ἐνόχους τοῖς ἐκ τῶν νόμων ἐπιτιμίοις καθεστῶτας, ὁ δὲ δικαστὴς
κολάζειν τοὺς ὑπ' ἀμφοτέρων τούτων ἀποδειχθέντας αὐτῷ —. Vgl. adv.
Mid. §. 221 und Eurip. Orest. 507 fg. [Die Abhandlungen von Vict. Cu-
cheval, Étude sur les tribunaux Athéniennes et les plaidoyers civils de
Demosthène. Paris 1863. 220 S. und von Alb. Desjardins, Essai sur les
plaidoyers de Demosthène, Paris 1862, behandeln den attischen Civil-
process, die zweite mehr rhetorisch vgl. Revue histor. de droit français.
II. 1863. p. 578.]

2) Apollod. II. 4. 9: Ῥαδαμανθύος νόμος, ὃς ἂν ἀμύνηται τὸν χει-
ρῶν ἀδίκων ἄρξαντα, ἀθῶον εἶναι: vgl. Soph. Oed. Col. 547, Plat Legg.
IX, p. 874 und Schol. Aristid. T. III. p. 524. Dind.

3) Demosth. Lept. §. 158: ὅμως οὐκ ἀφείλετο τὴν τοῦ δικαίου τά-
ξιν, ἀλλ' ἔθηκεν ἐφ' οἷς ἐξεῖναι ἀποκτιννύναι: vgl. adv. Aristocr. §. 53 f.
u. Pausan. IX. 36. 4.

4) Ueber Ehebrecher s. oben §. 29, not. 3 und §. 61, not. 22; über
Nachtdiebe Demosth. adv. Timocr. §. 113: εἰ δέ τις νύκτωρ ὁτιοῦν κλέπ-
τοι, τοῦτον ἐξεῖναι ἀποκτεῖναι καὶ τρῶσαι διώκοντα κ. τ. λ.

5) Ἐν ὁδῷ ἀντὶ τοῦ ἐν λόχῳ καὶ ἐνέδρᾳ Harpocr. p. 211; vgl. Nägelsbach ad Iliad. I. 151 und Demokrit bei Stob. Serm. XLIV. 19: κι-

ξάλλην καὶ λῃστὴν πάντα κτείνων τις ἀθῷος ἂν εἴη, καὶ αὐτοχειρίῃ καὶ κελεύων καὶ ψήφῳ.

6) Ἀνδροληψία. Poll. VIII. 50: ὅταν τις τοὺς ἀνδροφόνους καταφυγόντας ὥς τινας ἀπαιτῶν μὴ λαμβάνῃ, ἔξεστιν ἐκ τῶν οὐκ ἐκδιδόντων ἄχρι τριῶν ἀπαγαγεῖν: Harpocrat. s. v. ἀνδροληψία, auch τὸ ἀνδρολήψιον, vgl. Etymol. M. p. 101. 55 u. mehr Weber ad Demosth. Aristocr. p. 297.

7) [Φώρα, φώρασις ἔρευνα Hesych. s. v.]; Schol. Aristoph. Nub. 499: Ἦθος ἦν τοὺς εἰσιόντας εἰς οἰκίαν τινὸς ἐπὶ τῷ γυμνοὺς εἰσιέναι, ἵνα μή τι ὑπὸ τὰ ἱμάτια κρύψαντες λάθωσιν ὑποβαλόντες τὸ ζητούμενον καὶ ζημίας αἴτιοι τούτῳ γένωνται: vgl. Plat. Legg. XII. p. 954: φωρᾶν δὲ ἂν ἐθέλῃ τίς τι παρ' ὁτῳοῦν, γυμνὸς ἢ χιτωνίσκον ἔχων ἄζωστος προομόσας τοὺς νομίμους θεοὺς ἡ μὴν ἐλπίζειν εὑρήσειν οὕτω φωρᾶν· ὁ δὲ παρεχέτω τὴν οἰκίαν τά τε σεσημασμένα καὶ τὰ ἀσήμαντα φωρᾶν· ἐὰν δέ τις ἐρευνᾶν βουλομένῳ φωρᾶν μὴ διδῷ, δικάζεσθαι μὲν τὸν ἀπειργόμενον τιμησάμενον τὸ ἐρευνώμενον, ἂν δέ τις ὄφλῃ, τὴν διπλασίαν τοῦ τιμηθέντος βλάβην ἐκτίνειν· ἐὰν δὲ ἀποδημῶν οἰκίας δεσπότης τυγχάνῃ, τὰ μὲν ἀσήμαντα παρεχόντων οἱ ἐνοικοῦντες ἐρευνᾶν, τὰ δὲ σεσημασμένα παρασημηνάσθω καὶ ὃν ἂν ἐθέλῃ φύλακα καταστησάτω πέντε ἡμέρας· ὁ φωρῶν· ἐὰν δὲ πλείονα χρόνον ἀπῇ, τοὺς ἀστυνόμους παραλαβὼν οὕτω φωράτω λύων καὶ τὰ σεσημασμένα, πάλιν δὲ μετὰ τῶν οἰκείων καὶ τῶν ἀστυνόμων κατὰ ταὐτὰ σημηνάσθω und das römische *furtum per lancem et licium conceptum* bei Festus p. 117 und Gajus Instit. III. 192. [Vgl. v. Vangerow, De furto concepto etc. Heidelb. 1845. 4.]

8) Demosth. Timocr. §. 2: ἃ δοκεῖ συνέχειν τὴν πολιτείαν τὰ δικαστήρια: vgl. π. συντ. §. 16 und adv. Mid. §. 224: ἡ δὲ τῶν νόμων ἰσχὺς τίς ἐστιν; ἆρ' ἐάν τις ὑμῶν ἀδικούμενος ἀνακράγῃ, προσδραμοῦνται καὶ παρέσονται βοηθοῦντες; οὐ· γράμματα γὰρ γεγραμμένα ἐστί, καὶ οὐχὶ δύναιντ' ἂν τοῦτο ποιῆσαι· τίς οὖν ἡ δύναμις αὐτῶν ἐστίν; ὑμεῖς ἐὰν βεβαιῶτε αὐτοὺς καὶ παρέχητε κυρίους ἀεὶ τῷ δεομένῳ. Nach Lycurg. adv. Leocr. 9 muss da, wo das Gesetz nicht einfach auf das Vergehen anwendbar ist, die κρίσις der Richter das παράδειγμα der kommenden Geschlechter werden.

9) S. Polyb. XII. 16: κελεύειν γὰρ τὸν Ζαλεύκου νόμον τοῦτον δεῖν κρατεῖν τῶν ἀμφισβητουμένων ἕως τῆς κρίσεως, παρ' οὗ τὴν ἀγωγὴν συμβαίνει γίγνεσθαι, mit der authentischen Auslegung: παρὰ τούτων τὴν ἀγωγὴν ἀεὶ γίγνεσθαι, παρ' οἷς ἂν ἔσχατον ἀδήριτον ᾖ χρόνον τινὰ γεγονὸς τὸ διαμφισβητούμενον· ἐὰν δέ τις ἀφελόμενος βίᾳ παρά τινος ἀπαγάγῃ πρὸς ἑαυτόν, κἄπειτα παρὰ τούτου τὴν ἀγωγὴν ὁ προϋπάρχων ποιῆται δεσπότης, οὐκ εἶναι ταύτην κυρίαν, und dem ἐμβεβατευκέναι als Besitztitel bei Demosth. c. Leochar. §. 16 [Das ἀγώγιμον εἶναι daher wichtig im alten Schuldrecht (Plut. V. Sol. 13), Gegenstand der Convention unter Staaten Xenoph. Hell. VII. 3. 11: τοὺς φυγάδας ἀγωγίμους εἶναι ἐκ πασῶν τῶν συμμαχίδων.]

10) Aristot. Eth. Nic. IX. 1. 9: *ἐνιαχοῦ τ᾽ εἰσὶ νόμοι, τῶν ἑκουσίων συμβολαίων δίκας μὴ εἶναι, ὡς δέον, ᾧ ἐπίστευσε, διαλυϑῆναι πρὸς τοῦτον, καϑάπερ ἐκοινώνησε:* vgl. oben §. 6, not. 12 und §. 66, not. 11, wozu jedoch noch zahlreiche andere Fälle gedacht werden können; in Athen dagegen lässt sich höchstens die Freiheit voraussetzen, von welcher derselbe V. 4. 13 spricht: *οἷον ἐν τῷ πωλεῖν καὶ ὠνεῖσϑαι καὶ ἐν ὅσοις ἄλλοις ἄδειαν ἔδωκεν ὁ νόμος,* insofern seine Gesetzgebung wie gegen Zinswucher (§. 49, not. 2) so auch gegen *laesio enormis* nichts vorkehrte.

11) Vgl. die charakteristische Zusammenstellung der drei Erwerbstitel bei Isaeus de Aristarch. §. 24: *τῶν ἀμφισβητησίμων χωρίων δεῖ τὸν ἔχοντα ἢ ϑετὴν ἢ πρατῆρα παρέχειν ἢ καταδεδικασμένον φαίνεσϑαι,* und im Allgem. Des. Heraldus de rerum judicatarum auctoritate. Paris 1640. 8. oder in Otto's Thes. jur. civilis. L. B. 1726 fol. II, p. 1071—1290 und St. A. §. 144, not. 14—16. Auf die Mannigfaltigkeit der zu beschreitenden Rechtswege macht Isokrates π. ἀντιδοσ. §. 314 aufmerksam bei den Anklagen wegen Sykophantie, die bei den Thesmotheten, bei dem Rath und beim Volk anzubringen waren, ebenso Demosth. in Androt. §. 26: *δεῖν δ᾽ ᾤετο* (Solon) *μηδένα ἀποστερεῖσϑαι τῆς δίκης· τυγχεῖν ὡς ἕκαστος δύναται· πῶς οὖν ἔσται τοῦτο; ἐὰν πολλὰς ὁδοὺς δῷ διὰ τῶν νόμων ἐπὶ τοὺς ἠδικηκότας οἷον τῆς κλοπῆς.*

12) Suid. II, p. 247: *οἱ γῆς ἀμφισβητοῦντες ὡς προσηκούσης αὐτοῖς λαγχάνουσι τοῖς διακρατοῦσιν· εἶτα ἑλόντες λαγχάνουσι καὶ περὶ ἐπικαρπίας· τοῦτο καρποῦ δίκη καλεῖται:* vgl. Harpocr. p. 223: *οἱ δικαζόμενοι περὶ χωρίων καὶ οἰκιῶν πρὸς τοὺς ἔχοντας οὐσίας ἐδικάζοντο τὴν δευτέραν δίκην· ἡ δὲ προτέρα ἦν τῶν μὲν οἰκιῶν ἐνοικίου, τῶν δὲ χωρίων καρποῦ, τρίτη δ᾽ ἐπὶ τούτων ἐξούλης,* mit Hudtwalcker, Diaeteten S. 141, dem ich auch hier (s. §. 67, not 14) gegen Heffter S. 264 beipflichte, und Platner I, S. 433 oder Schömann, Process S. 750. [sowie Westermann in Pauly Realencyklop. III. p. 145, vgl. Caillemer, Étud. VIII. p. 15, welcher p. 19 die *μισϑώσεως δίκη* sich auf die den Herrn der vermietheten Sclaven zu zahlende Miethsumme beziehen lässt, ohne dafür Stellen beizubringen; dass die allein bezeugte *δίκη μισϑώσεως οἴκου* auf die vom Mündel gegen den Vormund zu stellende Klage wegen unzureichender Vermiethung des Hauses sich bezieht, ist bekannt, vgl. Meier Schömann, Process S. 296, auch Caillemer p. 22.]

13) Apostol. Proverb. XVI. 47: *οἱ δίκην νικήσαντες ὥστε ἀπολαβεῖν τι χωρίον ἢ ἀγρὸν ἢ τι τοιοῦτον καὶ μὴ ἐώμενοι ἀνέρξουν εἰς δικαστήριον αὖϑις καὶ εἰσῆγον δίκην, ἥτις ἐκαλεῖτο ἐξούλης· ἐξέλλειν γὰρ οἱ παλαιοὶ τὸ ἀπελαύνειν καὶ κωλύειν ἔλεγον:* vgl. Bekk. Anecdd. p. 188. 252, [daher auch *ὀφείλειν βλάβην* Demosth. in Aristocr. §. 28.] Mehr bei Hudtwalcker S. 134 fg. und Platner, Process I, S. 436, II, S. 295, sowie Böckh, Staatsh. d. A. I, S. 497. Note, über die Etymologie aber insbes. Buttm. Lexil. II, S. 148 und Böckh. C. Inscr. I, p. 810.

aaaaaaaaaaaaaaaaaaaaaaaaaaaaaaaaaaaaaaaaaaaaaaaaaaaaaaaaaaa
aaaaaaaaaaaaaaaaaaaaaaaaaaaaaaaaaaaaaaaaaaaaaaaaaaaaaaaaaaa

aaaaaaaaaaaaaaaaaaaaaaaaaaaaaaaaaaaaaaaaaaaaaaaaaaaaaaaaaaa
aaaaaaaaaaaaaaaaaaaaaaaaaaaaaaaaaaaaaaaaaaaaaaaaaaaaaaaaaaa
aaaaaaaaaaaaaaaaaaaaaaaaaaaaaaaaaaaaaaaaaaaaaaaaaaaaaaaaaaa
aaaaaaaaaaaaaaaaaaaaaaaaaaaaaaaaaaaaaaaaaaaaaaaaaaaaaaaaaaa
aaaaaaaaaaaaaaaaaaaaaaaaaaaaaaaaaaaaaaaaaaaaaaaaaaaaaaaaaaa

14) Harpocr. p. 108: δικάζονται δὲ ἐξούλης καὶ ἐπὶ τοῖς ἐπιτιμίοις οἱ μὴ ἀπολαμβάνοντες ἐν τῇ προσηκούσῃ προθεσμίᾳ, ὑπερημέρων γιγνομένων τῶν δικασθέντων· οἱ δὲ ἁλόντες ἐξούλης καὶ τῷ ἑλόντι ἐδίδοσαν ἃ ἀφῃροῦντο αὐτοῦ καὶ τῷ δημοσίῳ κατετίθεσαν τὰ τιμηθέντα: vgl. Demosth. Mid. §. 44 mit Herald. Anim. VII. 26 und Böckh, Staatsh. N. A. I. S. 496, [sowie Philippi in N. Jhbb. f. Philol. 1867. S. 584.] 15) Demosth. c. Everg. §. 34: λαβὼν παρὰ τῆς ἀρχῆς ὑπηρέτην ἦλθον ἐπὶ τὴν οἰκίαν: vgl. Schol. Aristoph. Nub. 37: ἔδει οὖν τὸν δημιουργὸν ἀγαγεῖν εἰς τοὺς οἴκους τοὺς ἐνεχυραζομένους. Hudtwalcker S. 131 und Schömann, Process S. 746 wollen nicht einmal diese Begleitung als nothwendig betrachten; mit Sicherheit lässt sich jedoch das Gegentheil nicht nachweisen.

16) Ἐνεχυράξειν oder ἐνέχυρα λαμβάνειν, auch ἅπτεσθαι τῶν χρημάτων, vgl. Demosth. Mid. §. 81 mit Salmas. mod. usurar. p. 575 und Ath. XIII. 95. p. 612 c: ὡς οὔτε τόκους οὔτε τἀρχαῖον ἀπεδίδου καὶ ὅτι ὑπερήμερος ἐγένετο γνώμῃ δικαστηρίου ἐρήμην καταδικασθείς, καὶ ὡς ἠνεχυράσθη οἰκέτης αὐτοῦ κ. τ. λ.

17) Ἐμβατεῦσαι καὶ ἐμβατεία τὸ τὸν δανειστὴν εἰσελθεῖν εἰς τὰ κτήματα τοῦ ὑποχρέου, ἐνεχυριάζοντα τὸ δάνειον, Bekk. Anecdd. p. 249; vgl. Demosth. c. Olympiod. §. 27 und Schömann, Process S. 748.
18) Vgl. die Geschichte des Miltiades bei Her. VI. 132 ff. mit Note von Bähr u. Grauert im Prooem. lect. Monast. 1844—45 sowie Demosth. c. Androt. §. 56 dazu Böckh, Staatsh. I. S. 512 f. 7. im Allg aber den Rathseid bei Demosth. c. Timocr. §. 144 mit St. A. §. 126, not. 4. Zur ganzen Frage s. Meier Schömann, der attische Process S. 580 ff.
19) Vgl. oben §. 44, not. 12 mit Demosth. adv. Lacrit. §. 46 und adv. Dionys. §. 4, welchen Stellen Meier, bon. damn. p. 28 nicht hätte die specifische Beziehung auf δίκας ἐμπορικὰς absprechen sollen; s. Hudtwalcker S. 152 und Meier Schömann, att. Process S. 745. [Zur Schuldhaft in späterer Zeit die Massregel des Achäers Kritolaos: μηδὲ παραδέχεσθαι τοὺς ἀπαγομένους εἰς φυλακὴν πρὸς τὰ χρέα Polyb. XXXVIII. 3. s. Büchsenschütz, Besitz und Erwerb S. 529. Schuldhaft gegen die ganze Bule der Stadt Salamis auf Cypern vollstreckt Cic. ad Att. IV. 21. Die ἐξαγωγή, die Emission erscheint als Akt fingirter Gewalt. worauf die δίκη ἐξούλης erfolgt s. Philippi in N. Jhbb. f. Philol. 1867. S. 586.]
20) Nicol. Damasc. bei Stob. Serm. XLIV. 41, p 227: Βοιωτῶν ἔνιοι τοὺς τὸ χρέος οὐκ ἀποδιδόντας εἰς ἀγορὰν ἄγοντες καθίσαι κελεύουσιν, εἶτα κόφινον ἐπιβάλλουσιν αὐτοῖς· ὃς δ᾽ ἂν κοφινωθῇ, ἄτιμος γίνεται: vgl. Arsen. Viol. p. 150.
21) Plut. Apophth. Lacc. p. 217 B: κἂν ἀποφύγῃ τις, ἔτι οὐδὲν ἧσσόν ἐστιν ὑπόδικος.
22) Demosth. Lept. §. 147: οἱ νόμοι οὐκ ἐῶσι δὶς πρὸς τὸν αὐτὸν περὶ τῶν αὐτῶν οὔτε δίκας οὔτ᾽ εὐθύνας οὔτε διαδικασίαν οὔτ᾽ ἄλλο τοιοῦτ᾽ οὐδὲν εἶναι: vgl. Timocr. §. 54, Argum. or. in Pantaen. p. 965

und Andoc. adv. Alcib. §. 9; auch Plat. Crit. p. 50: ὑπὲρ τούτου τοῦ
νόμου ἀπολλυμένου, ὃς τὰς δίκας δικασθείσας προστάττει κυρίας εἶναι.
23) Cic. Verr. V. 6. 12: *perditae civitates desperatis jam omnibus
rebus hos solent exitus exitiales habere, ut damnati in integrum restituan-
tur, vincti solvantur, exsules reducantur, res judicatae rescindantur; quae
quum accidunt, nemo est, quin intellegat ruere illam rem publicam — atque
haec sicubi facta sunt, facta sunt, ut homines populares ac nobiles sup-
plicio aut exilio levarentur: at non ab eis ipsis, qui judicassent, at non
statim, at non eorum facinorum damnati, quae ad vitam et ad fortunas
omnium pertinerent.* Vgl. dazu Platner, Process I. S. 443 ff. Zur Rescis-
sion s. Schol. Plat. Legg. XI, p. 937: οὐκ ἐπὶ πάντων δὲ τῶν ἀγώνων
ἐγίγνοντο ἀνάδικοι αἱ κρίσεις, ἀλλ᾽ ὡς φησι Θεόφραστος ἐν ζ΄ νόμων,
ἐπὶ μόνης ξενίας ψευδομαρτυριῶν καὶ κλήρων: vgl. St. A. §. 145, not. 4 f.
24) Aristot. Politic. II. 9. 8: Χαρώνδου δ᾽ ἴδιον μὲν οὐδέν ἐστι
πλὴν αἱ δίκαι τῶν ψευδομαρτυριῶν· πρῶτος γὰρ ἐποίησε τὴν ἐπίσκηψιν:
vgl. Demosth. c. Everg. §. 1 fg., [Harpocr. διαμαρτυρία] und meine Abhandl. de vestig. instit. vet. p. 69 [sowie Böckh, Staatsh. I. S. 491. 498.
n. 6., Télfy, C. J. A. n. 1101—1105. Comment. p. 558. Daran könnte
sich dann die δίκη κακοτεχνιῶν knüpfen gegen den Steller des Zeugen
Harpocr. s. v., St. A. §. 145. not. 8, Télfy p. 558 f.]
[25) Ψευδοκλητεία ὄνομα δίκης ἐστίν, ἣν εἰσίασιν οἱ ἐγγεγραμμένοι
ὀφείλειν τῷ δημοσίῳ, ἐπειδὰν αἰτιῶνταί τινας ψευδῶς κατεσκευάσθαι
κλητῆρας καθ᾽ ἑαυτῶν πρὸς τὴν δίκην ἀφ᾽ ἧς ὄφλον Harpocr. s. v. p. 186 ed.
Bekker, Sex. Sequer. p. 317; ὁπόσοι τρὶς ψευδοκλητείας ὄφλοιεν, ἄτιμοί εἰσι
τὰ σώματα, τὰ δὲ χρήματα ἔχουσι Andoc. de myster. §. 74, Demosth. in Nicostr. §. 15, dazn St. A. §. 140. not. 6 u. Böckh, Staatsh. I. S. 466. 502. 512,
welcher aber im Einklang mit Poll. VIII. 40 durchaus von einer γραφή
spricht. Ψευδεγγραφῆ ὄνομα δίκης ἐστίν ἣν εἰσίασιν οἱ γεγραμμένοι
ὀφείλειν τῷ δημοσίῳ ὡς καταψευσαμένου αὐτῶν τοῦ ἐγγράψαντος ἐν
τῇ σανίδι τῇ παρὰ τῇ θεῷ κειμένῃ ὡς ἀδίκως ἐγγραφέντες ὀφείλειν τῷ
δήμῳ, dazu Böckh, Staatsh. I. S. 466. 512.]

§. 73.

Werfen wir endlich noch einen Blick auf die Mittel, durch
welche der Staat seine eigene Existenz gegen die Eigenmacht
des Einzelnen zu sichern und dessen Vergehen gegen das Ganze
zu ahnden pflegte, so zerfallen diese nach der allgemeinsten
Formel des griechischen Strafrechts [1]) in die beiden Gattungen
der Leibes- und Geld- oder richtiger ausgedrückt persönlichen
und sachlichen Strafen, insofern letztere viel älter als der Gebrauch gemünzten Geldes [2]) sind, erstere aber gleichfalls in

ihrer frühesten Erscheinung nur selten in eigentlich körper-
lichen Uebeln bestanden. Doch wurden freilich gerade die
ältesten Bussen weniger an den Staat als an den verletzten
Mitbürger oder dessen Angehörige bezahlt [3]), so dass, wo von
öffentlicher Strafe die Rede ist, in den meisten Fällen dieser
Art nur die wirkliche Geldbusse übrig bleibt; und wenn auch
Verbannung und Ehr - und Rechtlosigkeit fortwährend eine
bedeutende Stelle unter den peinlichen Strafen einnahmen, ohne
darum Leibesstrafen im eigentlichen Sinne des Worts heissen
zu können, so verband doch der griechische Sprachgebrauch
mit dem Worte σῶμα selbst, wie der lateinische mit *caput*,
noch einen weiteren Begriff, der gerade die durch jene Strafen
betroffene Rechtspersönlichkeit umfasste. [4]) Sonst kommt allerdings Leibesstrafe gegen Freie in frühester Zeit nur da vor,
wo ein grobes Aergerniss den augenblicklichen Unwillen
des Volkes mit oder ohne Befehl der Oberen bis zur Steini-
gung steigert [5]); abgesehen davon sühnt freiwillige oder ge-
zwungene Entfernung aus der bürgerlichen Gemeinschaft auch
das schwerste Vergehen. [6]) Erst als die steigende Civilisation
theils die Zahl der Vergehen selbst vermannigfaltigte, theils
die bisherige Selbsthülfe als unzureichend erscheinen liess, griff
die Gesellschaft zu schärferen Maassregeln, worunter sie die
Todesstrafe [7]) sehr häufig als einziges Heilmittel ihrer Gebre-
chen und Auswüchse betrachtet zu haben scheint. [8]) Ausbrüche
wilder oder berechnender Grausamkeit, wie sie in der Geschichte
der griechischen Staatsumwälzungen, zumal bei Tyrannen, bald
zur Befestigung ihrer eigenen Herrschaft, bald zur Rache an
den Gestürzten vorkommen [9]), können allerdings der Sitte des
Volks nicht beigezählt werden; aber auch in den Gesetzgebungen desselben findet die Todesstrafe einen um so wesentliche-
ren Platz [10]), als sich hier mit ihr zugleich der Abschreckungs-
zweck verbindet [11]) und sogar jede Verhältnissmässigkeit zwischen dem Vergehen und seiner Ahndung ausschliesst [12]), obgleich die Verschonung der Schwangeren [13]) und manche sonstige den Verurtheilten gewährte Vergünstigung [14]) oder Frist [15])
auch den Ansprüchen der Menschlichkeit Rechnung trug. Ja
selbst die Vermeidung nächtlicher Hinrichtung [16]) scheint mehr

einer sittlichen Scheu als der Absicht öffentlicher Abschreckung
ihren Ursprung verdankt zu haben, da diese wenigstens als
Regel mit der Art ihrer Vollziehung keineswegs verbunden
war; die milderen Todesarten durch Gift [17]) oder Strang [18])
fanden innerhalb des Gefängnisses [19]), die gewaltsameren durch
Keule [20]) oder Schwert [21]) in der ausserhalb der Stadt gelegenen [22])
Wohnung des Scharfrichters [23]) statt, wo sich zugleich die Grube
befand, in welche die Verurtheilten todt oder auch noch lebend
geworfen wurden [24]); und nur die ausserordentlichen Fälle des
Ertränkens [25]), Verbrennens [26]), Pfählens [27]) oder Herunter-
stürzens von Felsen [28]) konnten daraus gleichzeitig ein Schau-
spiel für die Menge machen. Von Besserungstrafen dagegen,
obgleich auch dieser Gedanke dem Alterthume nicht fremd
ist [29]), findet sich in wirklichen Gesetzgebungen geringe Spur,
und am Wenigsten darf Freiheitsberaubung in dieser Hinsicht
als gewöhnlich gelten, da diese, auch wo sie vorkommt [30]),
theils nur als Zwangs- oder Vorbeugungsmittel [31]), theils zur
Schärfung einer anderen Strafe [32]), wo nicht geradezu wie das
Liegen im Blocke [33]) zur Beschimpfung dient; eben so wenig
aber lässt sich — Sparta ausgenommen [34]) — von körperlicher
Züchtigung ein weiterer Gebrauch nachweisen, als den etwa
die Marktpolizei und auch diese wohl mehr gegen Nichtbürger
davon machte [35]); und das hauptsächlichste Coercitiv in bürgerlichen Vergehen blieb desshalb immer die Geldstrafe, von deren
Umfange und tief eingreifenden Wirkungen schon oben näher
die Rede gewesen ist. [36])

1) *Παθεῖν ἢ ἀποτίσαι*, Ast ad Plat. Remp. p. 356, Schömann, Process S. 739.

2) Poll. IX. 61: *καὶ μὴν κἂν τοῖς Δράκοντος νόμοις ἐστὶν ἀποτίνειν εἰκοσάβοιον*, was begreiflicherweise nicht auf ein Geldstück des Na-
mens *βοῦς*, sondern auf die Naturalwerthe der früherer Zeit zu beziehen
ist, wie sie auch den bekannten homerischen Ausdrücken zu Grunde liegen, s. Friedreich, Realien S. 279 und Weissenborn Hellen. S. 71 fg.

3) *Ποινή*, Iliad. IX. 633, XVIII. 497: *Θωή*, Iliad. XIII. 669, Odyss.
II. 192, [*Θωίη* Archiloch. frgmt. 108 (104) Lyr. gr. ed. Bergk] nach der
richtigen Bemerkung von Nitzsch I, S. 96 für Schimpf oder Ungehorsam
gegen die Vorsteher der Gemeinde an diese, nicht an letztere selbst.

4) Poll. VIII. 22: οὐ χρὴ δ' ἀγνοεῖν, ὅτι ζημίαν οὐ τὴν εἰς χρήματα μόνον ἐκάλουν ἀλλὰ καὶ τὴν εἰς τὸ σῶμα ... εἴη δ' ἂν ἐκ τούτων
καὶ τὸ ἠτιμῶσθαι, πεφυγαδεῦσθαι, τεθανατῶσθαι, κεχιλιῶσθαι: vgl.
Schömann de comit. Athen. p. 75, Meier, de bonis p. 143, Lelyveld, de
infamia p. 19 fg.

5) [.Ιάϊνον ἔσσο χιτῶνα κακῶν ἕνεχ' ὅσσα ἔοργας Hom. Il. III. 57.]
Καταλεύειν, Her. IX. 5, oder καταλιθοῦν, Paus. VIII. 5. 8; [als förmlich vom Volk erkannte Todesstrafe Eurip. Orest. 48: κυρία δ' ἦδ' ἡμέρα
ἐν ᾗ διοίσει ψῆφον Ἀργείων πόλις, εἰ χρὴ θανεῖν νὼ λευσίμῳ πετρώματι
ἢ φάσγανον θήξαντ' ἐπ' αὐχένος βαλεῖν], vgl. Wachsmuth II, S. 793;
auch noch später, Aeschin. c. Timarch. §. 163, Aelian. V. Hist. V. 19,
und das ähnliche κατακοντίζειν Diodor. XVI. 31, Paus. X. 25, wie denn
in einem Fallo (des Philotas) Arrian. III. 26 diese, Curtius VI. 11 extr.
und zwar *more patrio* jene Todesart berichtet.

6) Φυγαῖσι δ' ὁσιοῦν, ἀνταποκτείνειν δὲ μή, Eurip. Orest. 515; vgl.
St. A. §. 9, not. 16. [Pausan. I. 28. 10 bezeichnet es als einen Fort-
schritt des Rechtslebens, dass am Dephinion es seit Theseus eine κρίσις
gab für gerechtfertigten Todtschlag (φόνος σὺν τῷ δικαίῳ), während frü-
her alle Mörder, also auch diese entweder fliehen mussten oder in gleicher
Weise, wenn sie blieben, sterben.] Nur wenn der Verbannte eigenmächtig
heimkehrte, war er rechtlos dem Tode preisgegeben; vgl. Poll. VIII. 86
und das Decret bei Sauppe Inscr. Maced. p. 20: ἤν που ἁλίσκωνται,
νηποινεὶ τεθνάναι.

7) Vgl. Wachsmuth, de capitis poenae causis et sanctione apud Graecos, Lips. 1839. 4., und Götte, über den Ursprung der Todesstrafe, Lpz.
1839, 8., wo sich übrigens verhältnissmässig wenig hierher Gehöriges
findet; mehr wenigstens zur Vergleichung bei Rubino, Unters. über röm.
Verf. S. 453 fg.

8) Plat. Protag. p. 322 D: τὸν μὴ δυνάμενον αἰδοῦς καὶ δίκης με-
τέχειν κτείνειν ὡς νόσον πόλεως: vgl. Republ. III, p. 409 E, VIII, p. 552 C,
Legg. V, p. 735 E, XII, p. 957 E, und insbes. auch Stob. Serm. XLVI.
41: ὅτι καὶ ὁ θάνατος αὐτός παρὰ τῶν πρώτως δικαιωσάντων οὐχ ὡς
τι κακὸν ἐπετιμήθη, ἀλλ' ὡς ἔσχατον καὶ ἐν φαρμάκου λόγῳ κατὰ τῶν
οὐ δυναμένων τῆς κακίας ἐλευθερωθῆναι.

9) Von Tyrannen genüge den Stier des Phalaris (Ebert Σικελ. p. 86 f.),
den Mörser des Nikokreon (Diog. L. IX. 59), die eiserne Jungfrau des
Nabis (Polyb. XIII. 7) anzuführen; von Rache an ihnen Plat. Gorg.
p. 473 B: ἐὰν ἀδικῶν ἄνθρωπος ληφθῇ τυραννίδι ἐπιβουλεύων καὶ ληφ-
θεὶς στρεβλῶται καὶ ἐκτέμνηται καὶ τοὺς ὀφθαλμοὺς ἐκκάηται καὶ ἄλλας
πολλὰς καὶ μεγάλας καὶ παντοδαπὰς λώβας αὐτός τε λωβηθεὶς καὶ τοὺς
αὑτοῦ ἐπιδὼν παῖδάς τε καὶ γυναῖκα τὸ ἔσχατον ἀνασταυρωθῇ ἢ κατα-
πιττωθῇ: und einzelne Beispiele bei Aelian. V. H. VI. 12, Ath. XII. 58
p. 540, Plut. philos. c. princ. c. 3 u. V. Timol. c. 13; von sonstiger Partei-
wuth Ath. XII. 26: πρῶτον μὲν κρατήσας ὁ δῆμος καὶ τοὺς πλουσίους

552 Th. IV. Rechtliche Zustände.

ἐκβαλὼν καὶ συναγαγών τὰ τίκνα τῶν φυγόντων εἰς ἀλωνίης. βοῦς συν-
αγαγόντες συνηλοίησαν καὶ παρανομωτάτῳ θανάτῳ διέφθειραν· τοιγάρ-
τοι πάλιν οἱ πλούσιοι κρατήσαντες ἅπαντας, ὧν κύριοι κατέστησαν, μετὰ
τῶν τίκνων κατεπίττωσαν, und was mehr oben §. 6, not. 3 citirt ist.

10) Nicht etwa bloss bei Drako, sondern ebensowohl bei Zaleukus,
vgl. Zenob. IV. 10: Ζαλεύκου νόμος ἐπὶ τῶν ἀποτόμων· Ζάλευκος γὰρ
Λοκροῖς ὡμότερον ἐνομοθέτησεν, und noch allgemeiner Lycurg. c. Leocr.
§. 65: οἱ γὰρ ἀρχαῖοι νομοθέται οὐ τῷ μὲν ἑκατὸν τάλαντα κλέψαντι
θάνατον ἔταξαν, τῷ δὲ δέκα δραχμὰς; ἐλάττον ἐπετίμων ... ἀλλ' ὁμοίως
ἐπὶ πᾶσι καὶ τοῖς ἐλαχίστοις παρανομήμασι θάνατον ὥρισαν εἶναι τὴν
ζημίαν, wie denn dieser selbst wegen der Strenge seiner Maassregeln
gegen Verbrecher bekannt war: Vitt. X. Orat. p. 841, Ammian. Marc.
XXX. 8. [Drakons Strafen auf den Mord blieben auch bei Solon in vol-
ler Kraft Plut. V. Sol. 22, dazu Perrot, Droit public et privé. I. 1867.
p. 122f.]

11) Demosth. c. Aristog. I, §. 17: δυοῖν γὰρ ὄντοιν, ὧν ἕνεκα πάντες τίθενται οἱ νόμοι, τοῦ τε μηδένα μηδὲν ὃ μὴ δίκαιόν ἐστι ποιεῖν,
καὶ τοῦ τοὺς παραβαίνοντας ταῦτα κολαζομένους βελτίους τοὺς ἄλλους
ποιεῖν: vgl. schon Hom. Iliad. III. 353: ὄφρα τις ἐρρίγησι καὶ ὀψιγόνων
ἀνθρώπων ξεινοδόχον κακὰ ῥέξαι — dann Lysias c. Alcib. I. §. 12,
Xenoph. Oec. XIV. 5, Demosth. Lept. §. 156, Lycurg. in Leocr. § 10. 67,
Diodor. I. 14, V. 71, u. insbes. Plat. Legg. IX. p. 862 E: ὡς οὔτε αὐτοῖς
ἔτι ζῆν ἄμεινον τούς τε ἄλλους ἂν διπλῇ ὠφελοῖεν ἀπαλλαττόμενοι τοῦ
βίου, παράδειγμα μὲν τοῦ μὴ ἀδικεῖν τοῖς ἄλλοις γενόμενοι, κοιοῦντες
δὲ ἀνδρῶν κακῶν ἔρημον τὴν πόλιν, mit Platner in Zeitschr. f. d. Alt.
1844, N. 85fgg. [A. Gellius VI. 14 scheidet nach griechischen Quellen,
besonders dem Commentar des Taurus zum Gorgias des Plato, drei Gesichtspunkte des Strafens: una est causa, quae Graece vel κόλασις vel
νουθεσία dicitur, cum poena adhibetur castigandi atque emendandi gratia,
ut is qui fortuito delinquit, attentior fiat correctiorque; altera est quam
ii qui vocabula ista curiosius diviserunt, τιμωρίαν appellant: ea causa
animadvertendi est, cum dignitas auctoritasque ejus, in quem est pecca-
tum, tuenda est, ne praetermissa animadversio contemtum ejus pariat et
honorem levet — tertia ratio vindicandi est, quae παράδειγμα a Graecis
nominatur, cum punitio propter exemplum necessaria est, ut ceteri a si-
milibus peccatis, quae prohiberi publicitus interest, metu cognitae poenae
deterreantur. Vgl. unten Note 29.]

12) Dafür zeugt ausser obiger Stelle des Lykurg. not. 10 insbes. das
Fragment eines römischen Komikers über Solon bei Charis. Instit. gr.
IV. 4. 13 u. 7. 7: qui lege cavit, ut vitia transcenderent auctoris poenae.

13) Plut. S. N. V. c. 7: τὸν ἐν Αἰγύπτῳ νόμον ἆρ' οὐκ εἰκότως ὑμῖν
ἀπογράψασθαι δοκοῦσιν ἔνιοι τῶν Ἑλλήνων, ὃς κελεύει τὴν ἔγκυον, ἂν
ἁλῷ θανάτου, μέχρι τέκῃ, φυλάττειν; vgl. Diodor. I. 78 und ein Beispiel bei Aelian. V. Hist. V. 18.

14) Zenob. III. 100: τοῖς ἐπὶ θάνατον ἀπαγομένοις τὴν παῤῥησίαν ταύτην ἐδίδουν, ὥστε τροφῆς καὶ οἴνου πληρωθεῖσι τρία λέγειν ἃ βούλονται, μεθ᾽ ἃ φιμωθέντες ἀπήγοντο πρὸς τὴν κόλασιν: vgl. Suidas III, p. 434 oder Zonar. I. p. 344, und die Abnahme der Fesseln bei Plat. Phaed. p. 59 E.

15) Teles bei Stob. Serm. V. 67, p. 162: καθάπερ καὶ Σωκράτης ... τριῶν ἡμερῶν αὐτῷ δοθεισῶν τῇ πρώτῃ ἔπιεν καὶ οὐ προσέμεινεν τῆς τρίτης ἡμέρας τὴν ἐσχάτην ὥραν παρατηρῶν, εἴ ἐστιν ἥλιος ἐπὶ τῶν ὁρῶν κ. τ. λ.

16) Seneca de ira III. 19: quid tam inauditum quam nocturnum supplicium? quum latrocinia tenebris abscondi soleant, animadversiones, quo notiores sunt, plus ad exemplum emendationemque proficiunt; vgl. Plat. Phaed. p. 61 E und 116 E, don seine Erklärer völlig missverstanden haben, wenn sie dazu bemerken: ἐν γὰρ ἡμέρᾳ φονεύειν ἀπείρητο, was vielmehr bei Herod. IV. 146 und Val. Max. IV. 6 ext. 3 als oine Eigenthümlichkeit für Sparta vorkommt.

17) Κώνειον, vgl. Plat. Phaed. c. 66, Plut. V. Phoc. c. 36, Philop. c. 20, Lysias adv. Eratosth. §. 17, mit Plin. Hist. N. XXV. 95 u. Dresig de cicuta Athen. poena publica. Lips. 1733. 4.

18) Βρόχος, Plut. V. Agid. c. 19, Themist. c. 22; vgl. Zenob. VI. 11 oder Suid. III, p. 434: ὅτι τῷ καταγινωσκομένῳ θάνατον τρία προσεφέρετο. ξίφος, βρόχος, κώνειον.

19) Εἱρκτή oder δεσμωτήριον, euphemistisch οἴκημα. Herod. IV. 146, Plut. V. Solon. c. 15, auch ἀναγκαῖον und κέραμος, Etymol. M. p. 98. 30; [Thesaurus in Messene Liv. XXXIX. 50, Plut. V. Philop. 19.] vgl. Schömann ad Isaeum p. 493 und die athenischen Eilfmänner als ἐπιμεληταὶ τοῦ δεσμωτηρίου Bekk. Anecdd. p. 250.

20) Lysias c. Agorat.' §. 56: θάνατον δικαίως καταψηφισάμενοι τῷ δημίῳ παρέδοτε καὶ ἀπετυμπανίσθη: vgl. das. §. 67, Demosth. do Cherson. §. 61, und mehr bei Spanheim ad Aristoph. Plut. 476 und Wyttenb ad Plut. de superst. p. 1028.

21) S. oben not. 18 und insbes. was Val. Max. II. 6. 7 von Massilia erzählt: ceterum a condita urbe gladius est ibi, quo noxii jugulantur, rubigine quidem exesus et vix sufficiens ministerio, sed index in minimis quoque rebus omnia antiquae consuetudinis monumenta servantium.

22) Poll. IX. 10: ἀπὸ δήμων δ᾽ ἂν εἴη κεκλημένος καὶ ὁ δῆμιος καὶ ὁ δημόκοινος. ὡς ἔξω κατοικῶν: vgl. Plat. Republ. IV, p. 439 E und Dio Chrysost. XXXI. 122, demzufolge in Rhodus νόμος ἐστὶ τὸν δημόσιον μηδέποτε εἰσελθεῖν εἰς τὴν πόλιν. [Er ist ἀλιτήριος, unrein und verachtet Athen X. p. 420 b; Eustath. ad Od. XVIII. 1.]

23) Poll. VIII. 71: ὁ δὲ παραλαμβάνων τοὺς ἀναιρουμένους καλεῖται δήμιος, δημόκοινος. ὁ πρὸς τῷ ὀρύγματι καὶ τὰ ἐργαλεῖα αὐτοῦ ξίφος, βρόχος, τύμπανον, φάρμακον, κώνειον. Andere unterscheiden wieder beide Ausdrücke: δημόκοινος ὁ στρεβλῶν καὶ βασανίζων, δῆμιος δὲ

ὁ ἀπάγων τὴν ἐπὶ θανάτῳ, Valck. ad Ammon. p. 40, Maussac de Harpocr. p. 121; aber bei Antipho de venef. §. 20 wird die Hinzurichtende erst nachdem sie gefoltert ist (τροχισθεῖσα) dem δημόκοιτος übergeben, und wenn dieser nach Isocr. Trapez. §. 15 mitunter auch Sclaven gefoltert haben mag, so thut dasselbe doch bei Aeschin. F. leg. §. 126 der δήμιος oder δημόσιος, so dass diese drei Worte nur den nämlichen Begriff bezeichnen können; vgl. Phot. Bibl. c. 279, p. 535 und Lobeck ad Phrynicb. p. 476, [sowie Büchsenschütz, Besitz und Erwerb S. 165, der zu keinem andern Resultat des Sprachgebrauchs gelangt.] 24) Ὄρυγμα, Dinarch. c. Demosth. §. 62, Lycurg. c. Leocr. §. 121. oder βάραθρον, Xenoph. Hell. I. 7. 20. Schol. Aristoph. Eccl. 1089, vgl. Lelyveld de infamia p. 49 und Boisson. ad Theophyl. p. 344 [und unten Note 28]. In Sparta κεάδας oder καιάδας, καιέτας Thucyd. I. 134, Paus IV. 18. 6; doch hat Strabo VIII, 5. p. 367 denselben Ausdruck für τὸ. δεσμωτήριον τὸ παρὰ Λακεδαιμονίοις, σπήλαιόν τι, und Aehnliches gilt von dem χῶς bei Steph. Byz. p.402: τὸ ὄρυγμα τὸ ἐν Κορίνθῳ, οὐ καθείργνυον τοὺς φώρας καὶ τοὺς δραπέτας, so dass darunter offenbar auch bisweilen nur ein unterirdischer Kerker nach Art der syrakusischen Latomien zu verstehen ist. 25) S. oben not. 9 κατάπιττον [mit Aristoph. Eccles. 829. 1107] und Philo de provid. ed. Aucher II, 28 p. 67: *Phocici belli duces iisdem poenis forte obierunt, quibus lege puniuntur sacrilegi, aut dari praecipites aut demergi aut cremari.*

26) Κατακοντίζειν, Demosth. c. Aristocr. §. 169, Plut. V. Dion. c. 58; in Säcken Ath. X. 60. p. 443, XIV. 13. p. 621 [mit Ahrens in Philol. XXVII. 2. S. 278.] Noch häufiger freilich die Leichname Hingerichteter, Ebert Ζιχελ. p. 101.

27) Ἀνασταυροῦν, Plat. Gorg. p. 473C, Diodor. XIV. 53, Justin. XXX. 2; προσηλοῦν Demosth. Mid. 105. 549, ἀνασχινδυλεύειν = aufspiessen Plato Rep. II. p. 362, Bekker Anecd. p. 27, freilich mehr orientalisch wie Her. VI. 30), Thucyd. I. 101, Xenoph. Anab. III. 1. 12; vgl. Lipsius de cruce, Casaub. Exerc. in Baron. XVI. 77, p. 440fgg. Will. Strand a Treatise on the physical causse of the death of Christ. London 1847.

28) Κατὰ τοῦ κρημνοῦ ὠθεῖν, Aeschin. F. leg. §. 142; namentlich in Delphi gegen Tempelräuber, vgl. Paus. X. 24 und Suidas s. v. Αἴσωπος mit Ulrichs Reisen und Forschungen S. 54 und Mercklin in Mém. des sav. étrang. prés. à l'Acad. de St. Petersbourg 1851 T. VII, p. VII, p. 63 fg. [Ueber die Felsenstätte von Melite vor der Stadtmauer Athens, das sog. Βάραθρον als Stätte des Scharfrichters, als Ort für die Leichen der Verbrecher, wie der speciell zur Sühne vom Felsen gestürzten φαρμακοί und für die sagenhaften Felsensprünge der Liebhaber hier wie an ähnlichen Stätten vgl. E. Curtius. attische Studien I. 1862. S. 7 – 9, Mercklin, Talossage S. 35, G. A §.27. not. 13, §. 60, not. 20.]

29) Plat. Gorg. p. 525: προσήκει δὲ παντὶ τῷ ἐν τιμωρίᾳ ὄντι ὑπ'
ἄλλου ὀρθῶς τιμωρουμένῳ ἢ βελτίονι γίγνεσθαι καὶ ὀνίνασθαι ἢ παρα-
δείγματι τοῖς ἄλλοις γίγνεσθαι: vgl. das. p. 476. Rep. III, p. 410, Legg.
IX, p. 854 u. s. w.

30) Plat. Crit. p. 46 C, Lysias c. Agorat. §. 67, Demosth. c. Polycl.
§. 51. Plut. reip. ger. praec. c. 13; auch als Militärstrafe Aeneas Tact.
Poliorcet. c. 10. [Westermann, Quaest. Lysiac. P. I. Lips. 1860. p. 19 macht
aufmerksam, dass in der obigen Stelle des Lysias: καὶ ἐν τῷ δεσμωτηρίῳ
δεδεμένος ἀπέθανε der Vorgang nach Korinth gehört, das Gefängniss
nicht als Strafe, sondern als Sicherungsmittel erscheint.]

31) Πρὸς κατεγγύην Demosth. c. Aristog. I. §. 60 oder sonst als
Executionsmittel: τὸν μὴ δυνάμενον τὰ ἑαυτοῦ θεῖναι οἴκοθεν εἰς τὸ
δεσμωτήριον ἕλκεσθαι, adv. Androt. §. 56, vgl. St. A. §. 126, not. 5 und
oben § 72, not. 18; oder auch um Jemanden unschädlich zu machen,
(Xenoph. Oecon. 14, 5), wohin der Vorschlag des Socrates bei Plat. Apol.
p. 37 C gehören dürfte; s. oben not. 24 zu Ende und mehr bei Wachsmuth II. S. 201.

32) Lysias in Theomnest. I. §. 16: διδίσθαι δ' ἐν τῇ ποδοκάκῃ
ἡμέρας πέντε τὸν πόδα, ἐὰν προστιμήσῃ ἡ ἡλιαία: vgl. Demosth. Timocr. §. 105. 114 auch Mid. §. 47 und Schömann, Process S. 725 oder
Platner I, S. 205 fg.

33) Δεσμοῖς τε χρωτίοις καὶ ἐμφανέσι καί τισι προπηλακισμοῖς κολάζειν, Plat. Legg. IX, p. 855; vgl. Lysias daselbst: ἡ ποδοκάκη αὕτη
ἐστὶν ὃ νῦν καλεῖται ἐν τῷ ξύλῳ δεδίσθαι, und über dieses ξύλον selbst
nebst den verwandten Ausdrücken κλοιὸς u. κυφών die Erkl. zu Aristoph.
Plut. 476, Pac. 479, Equit. 367, Lysistr. 680, auch Jacob ad Lucian.
Tox. c. 29 und Becker, Char. III, S. 36 fg., der übrigens richtig bemerkt,
dass darunter nach Umständen auch sehr verschiedene Fesselungsweisen
verstanden werden können.

34) Dionys. Hal. Arch. XX. 2: Λακεδαιμόνιοι ὅτι τοῖς πρεσβυτάτοις
ἐπέτρεπον τοὺς ἀκοσμοῦντας τῶν πολιτῶν ἐν ὅτῳ δή τινι τῶν δημοσίων
τόπων ταῖς βακτηρίαις παίειν Darauf wie auf die polizeiliche Maassregeln in Athen z. B. die ῥαβδοφόροι, μαστιγοφόροι in Theater und
Festlokalen Schol. Arist. Pac. 735 mit G. A. §. 50, n. 20 geht auch Sal-
lust. Catil. 51, 39: Graeciae morem imitati verberibus animadvertebant
in civis, de condemnatis summum supplicium sumebant im Gegensatz zum
späteren römischen peinlichen Strafverfahren der Römer. [Dieses polizeiliche Mittel gilt wesentlich Unmündigen, Fremden und Sklaven, so Plato
Legg. III. p. 700 c: παισὶ δὲ καὶ παιδαγωγοῖς καὶ τῷ πλείστῳ ὄχλῳ
ῥάβδον κοσμούσης ἡ συνθέτησις ἐγίγνετο.]

35) Poll. X. 177: σκεῦος ἦν τι ἀγοραγομικόν, ᾧ τὸν αὐχένα ἐνθέντα
ἔδει μαστιγοῦσθαι τὸν περὶ τὴν ἀγορὰν κακουργοῦντα: vgl. oben §. 60,
not. 10 und die für Sklaven und Fremde zunächst geltende δημοσία μάστιξ bei Plat. Legg. VI. p. 764 b, IX, p. 879 fg. und XI, p. 917, mit m.

Abh. de vestig. instit. vet. p. 24 und Platner in Zeitschr. f. d. Alterth. S. 685. Ob man den Gebrauch dieser Züchtigung anderwärts weiter ausdehnen will, hängt namentlich von der Erklärung des Sprichworts Κερκυραία μάστιξ ab, worüber Paroemiogr. Gott. p. 98; sonst gilt aber μαστιγονομεῖν gerade als Zeichen der Tyrannie, Diodor. exc. Vat. p. 11. Plut. S. N. V. c. 7. Nächtliche Züchtigung des περίπολος gegen Herumstreicher ohne Fackelbegleitung Epicharm. frgt. in Ath. VI. 28. p. 236 a.

36) Vgl. §. 71, not. 9 ff. u. im Allg. Demosth. c. Androt. §. 55: τοῖς μὲν δούλοις τὸ σῶμα τῶν ἀδικημάτων ἁπάντων ὑπεύθυνόν ἐστι, τοῖς δ᾿ ἐλευθέροις, κἂν τὰ μέγιστ᾿ ἀτυχῶσι, τοῦτό γ᾿ ἔνεστι σῶσαι· εἰς χρήματα γὰρ τὴν δίκην περὶ τῶν πλείστων παρὰ τούτων προσήκει λαμβάνειν. ὁ δὲ τοὐναντίον εἰς τὰ σώματα ὥσπερ ἀνδραπόδοις ἐποιήσατο τὰς τιμωρίας.

Register.

30 a

36b

Verbesserungen und Zusätze.

Seite 3. Z. 6 v. o. l. Schwalbe f. Schwabe.

S. 5. Zu Note 6 vgl. Fr. Mone, Griechische Geschichte I. 1859. S. 50 ff. und Herzog, die Bevölkerungsstatistik des Alterthums in Philologus XXV. S. 699.

S. 13. Z. 15 v. o. l. ἀνεβλήθη f. ἀνεβλήθη.

S. 15. Note 22 l. Paus. VII. 24 f. Paus. 24.

S. 36. Z. 1 v. o. l. ὀξύρροποί f. ὀξύρροπά.

S. 36. Z. 8 v. u. l. ἁρμονία καὶ ἐρρωμενέστατα f. ἁρρρμονία καὶ ἐρωμενέσταται.

S. 39. Zu §. 6. Note 16 füge hinzu: Victor Hehn, Culturpflanzen und Hausthiere in ihrem Uebergang aus Asien nach Griechenland und Italien. 1870. 3 Thle.

S. 46. Z. 8 v. o. l. Sumpfluft f. Sumpflust.

S. 47. Z. 13 v. o. l. 3) f. 14).

S. 47 am Schluss von Note 2 füge hinzu: der arkadische Dialekt neuerdings näher untersucht von Gelbke, de dialecto Arcadica in G. Curtius Studien zur griechischen. u. latein. Grammatik II. 1. 1869. S. 1—43. Zum lokrischen Dialekt siehe jetzt die neue lokrische von Oikonomides, Athen 1869. (Ἐποικία Λοκρῶν κτλ.) herausgegebene Inschrift und deren Besprechung von G. Curtius, Studien z. griech. u. lat. Grammatik. II. 2. 1869. S. 482 ff.

S. 56. Zu Note 12 füge hinzu: J. H. Schneiderwirth, Geschichte der Insel Rhodus nach den Quellen. Heiligenstadt 1868. 243 S. mit N. Jhb. f. Philol. 1869. LXVIII. LXIX. S. 818 f.

S. 57. l. oben §. 8 f. §. 9; füge zu Note 16: Geissow, de Massilia republica. Bonn 1865.

S. 75. Zu §. 11. Note 13: "Zur ἀποκήρυξις vgl. Caillemer, le droit de tester in Mémoir. de l'associat. pour l'encouragement des étud. grecques en France 1869. p. 30.

S. 93. Zu Note 12 füge hinzu: Goldbergwerk, bei Abydos in der Gegend von Kremaste Xenoph. Hell. IV. 8. 37; am Hebros Plin. H. N. XXXIII. §. 66. Zu Note 14: Auf der Insel Gyaros erwähnt Aristoteles γῆν τὴν σιδηρῖτιν Ael. H. A. V. 14.

S. 106. Zu §. 16. Note 5. 6 vgl. Dr. H. Grothe, Bilder und Studien zur Geschichte der Industrie und des Maschinenwesens. I. 1870. S. 121. 281. 183—205, jedoch ohne irgend Gewinn für die noch dunkeln Fragen der alten Gewandstoffe.

S. 117. Z. 14 v. u. ist ausgefallen·vor ὁ δὶ ὄπῃ ὁ δὶ πρὸς σκυτοτομεῖον
(Athen. XIII. 44. p. 581 d; Stob. Serm. XCV. 21.)

S. 118. Z. 6 v. u. ist ausgefallen hinter δεῖπνον: auch Poll.·VI. 101 u.
Eustath. ad Odyss. II. 20. oder XVI. 2.

S. 127. Z. 19 v. o. l. ἀγυιάς f. ἀγορᾶς.

S. 136. Zu §. 19 Note 13 am Ende: Ueber griechische Schlüssel s. Conze
in Archäol. Zeit. 1862. S. 296.

S. 137. Zu §. 19. Note 17: ἀνδρεῖον der Speisesaal neben dem Prytaneion
C. J. Gr. n. 2554.

S. 145. In der Ueberschrift l. §. 20 f. §. 17.

S. 149. Zu §. 20. Note 20: inschriftlich ἰχθύας und ἰχθύα auf Fisch-
platten aus Gräbern von der Halbinsel Taman s. Stephani, Compte
rendu 1866. p. 83. pl. III, Wieseler in Gött. Gel. Anz. 1869. S. 2124.

S. 165. Z. 6 v. o. l. αἱ f. οἱ.

S. 173 l. in der Ueberschrift §. 21 f. §. 22.

S. 181. Z. 15 v. u. l. Ritter f. Bilder.

S. 182. Z. 2 v. u. l. σκαφίον f. σκαφίον. Z. 4 v. o: l. Thurier f. Thracier.
Zu §. 23. Note 14: Weihe von Haarbüscheln in kleinen Silber- und
Goldbehältern Martial. IX. 17. 18; Lucian de dea Syria 60 u.
inschriftlich aus Paros nach Thiersch in Abhdl. d. Bayr. Akad. d.
Wiss. histor. philos. Kl. I. 1834. p. 663. Taf. VIII. 5. 6 a.

S. 186. Zu §. 23. N. 30: Bohnenmehl als Hauptmittel zum Waschen und
Reinigen des Gesichtes s. Append. ad Sim. Seth. p. 131.

S. 187. Zu §. 23. N. 32: selbst silberne Strigilen wurden gebraucht z. B.
in Akragas Diod. XIII. 82, Ael. V. H. XII. 29 mit den Funden
im Osten Antiquit. Bospor. pl. XXXI. n. 2. 3, Stephani, Compte
rendu 1862 pl. 1. n. 1

S. 212. Zu §. 27. N. 22 vgl. noch Wescher in Rev. archéol. 1865. I. p. 214
u. O. Lüders, quaestionum de colleg. artific. scenicor. prolusio 1869.
p. 8ff., der auch die Lokalitäten solcher Zusammenkünfte als φω-
ληττήρια und θιασῶτες aus Poll. VI. 7, Hesych. s. v. nachweist.

S. 224 l. in der Ueberschrift Cap. III f. Cap. II.

S. 232. Zu §. 30. N. 3: die ägyptische Geschwisterehe wird mit Unwillen von den Hellenen betrachtet s. Wescher in Mém. de l'acad.
des inscript. et belles lettres. 1864. p. 115—127.

S. 233. Z. 12 v. o. l. 5) f. 3).

S. 237. Zu §. 30. N. 23: Amphora mit hochzeitlichen Darstellungen her-
ausgegeben und eingehend besprochen von Helbig, Mon. d. Instit.
d. corr. archeol. VIII. t. 35, Ann. XXXVIII. 1866. p. 450.

S. 243. Z. 2 setze Klammer [vor: Der Dichter.

S. 258. Zu §. 33. N. 2. Personification der Παιδεία Demosth. de cor.
§. 127. Aeschin. c. Ctesiph. §. 260, Lucian. Serm. §. 9, Piscat. 16.

S. 263. Z. 17 v. o. l. 1820 f. 1850.

S. 265 l. oben §. 33 f. §. 31.

S. 271. Zur Literatur in Note 1 füge hinzu: J. L. Ussing, Darstellung
des Erziehung- und Unterrichtswesens bei Griechen und Römern.
Deutsch von Friedrichsen. Altona 1870.

S. 272. Zu §. 34. N. 6 vgl. über die Sophronisten Dittenberger, de ephe-
bis atticis. 1863. p. 13 inschriftlich: τοὺς περὶ τὴν ἐπιμέλειαν
αὐτῶν τεταγμένους. ‹

594 *Verbesserungen und Zusätze.*

S. 275. Zu §. 34. N. 15 vgl. Dielitz, über den griech. Hofmeister. Programm von Graudenz. 1854, Grasberger, Erziehung u. Unterricht im klass. Alterth. I. S. 284—291.

S. 281. Zu §. 35. N. 5: von μάλθα unterscheidet sich ῥύπος Ἀττικός. bestimmt zum Versiegeln der Briefe Hesych. s. v. sowie unter παραπλάσματα, σαμαίνεται.

S. 283. Zu §. 35. N. 12. Z. 17 v. o. füge bei: und v. Jan, de fidibus Graecorum. Dissertat. Berol. 1859.

S. 312. Zu §. 38. N. 28: Die auro dentes juncti in der solonischen Gesetzgebung in die der XII Tafeln herübergenommen Cic. Legg. II. 24. 60 mit der Thatsache solcher Zähne aus einem campanischen Grab Böttiger, Vasengem. 1. S. 63.

S. 315. Z. 15 v. o. setze [vor: Die Pflichten.

S. 334. Zu §. 40. N. 33 vgl. jetzt Alb. Dumont, basrelief funèbre du cabinet de Brunet de Presle in Rev. archéol. N. F. X. 8. 1869, pl. XVII. p. 233 -250.

S. 345. Z. 4 v. u. l. ζητοῖης f. ζητοῖσα.

S. 347. Z. 3 v. o. l. ανδραπόδωδης f. ανδραπώδυνδης.

S. 348. Zu §. 42. N. 10: vgl. die Zusammenstellung solcher collegia opificum durchweg aus Kleinasien bei O. Lüders, Quaest. de colleg. artif. scenicor. prol. 1869. p. 24 f.

S. 351. Zur Literatur §. 43. N. 1 füge noch hinzu: Arthur Gronau, de graecar. civitatum opificiis specimen. Regim. Pr. 1869, worin die Städte von Argolis, Boeotien, Megaris in ihrer ökonomischen und industriellen Bedeutung abgehandelt sind.

S. 363. Z. 21 v. o. l. ἰογάτης f. ἰογατής.

S. 367. Z. 5 v. u. setze zu: Satz hinzu 14) und ändere demgemäss die folgenden Zahlenangaben der Noten zum Text.

S. 378 nach Z. 6 v. o. füge ein: 32) Vgl. oben §. 12. N. 16. 17. 23 ff., §. 13. N. 16.

S. 385. Zu §. 46. N. 20: neuerdings Hultsch, Anz. von Brandis in N. Jahrb. f. Philol. 1867. Heft 8. S. 513—538, der hier zu dem sehr fraglichen Resultat kommt: „Das attische System ist incongruent zu allen früheren Maassen u. Gewichten." Anders Derselbe, Arch. Zeit. 1870. XXVIII. S. 22.

S. 397 l. in der Ueberschrift §. 49 f. §. 15.

S. 409. Zu §. 50. N. 12 vgl. jetzt O. Lüders, quaestionum de collegiis artificum scenicorum prolusio Diss. inaug. Bonn. 1869. Zu N. 14 s. A. Stahr, Torso I. S. 397-456: Stellung der Künstler im hellenischen Leben.

S. 400. Z. 21 v. o. l. Knidier f. Kinder.

S. 414. Zu §. 50. N. 20 die Frage: si les Athéniens ont connu la profession d'avocat behandelt Egger in Mém. de litterature ancienne. Paris 1861. p. 355 520.

S. 415. Zu §. 50. N. 23. Der Begriff der Lebensgemeinschaft geradezu ausgesprochen im technischen Ausdruck: συμβίωσις oder συμβίωσις φιλία Böckh, C. J. Gr. n 2339b. 3304. 3540. 3438 u. a. mit O. Lüders, quaest. de colleg. artif. prol. 1869. p. 21.

S. 435. Zu §. 53. N. 6: sehr in Betracht kommt hierbei der Zeltbau, worüber mancherlei bei Krause, Deinokrates S. 17 ff. Wie gross-

artig solche construirt werden, ergiebt das delphische Zelt Eurip.
Jon. 1128 ff. und Alexanders d. Gr. σκηνὴ ἑκατοντάκλινος Plut.
V. Alex. 21.

S. 472. Zu Z. 2 v. o. füge hinzu: und vollständiger desselben Mémoire
sur l'affranchissement des esclaves par forme de vente à une di-
vinité d'après les inscriptions de Delphes. Paris 1867. ⸫

S. 479 l. in der Ueberschrift §. 61 f. §. 60.

S. 493. Z. 14 v. u. l. ἀρχαίας f. ἀρχαίοις.

S. 521. Z. 22 v. o. l. δύ f. δν'.

S. 533. Z. 9 v. o. l. 20) f. 30).

S. 535. Z. 5 v. u. l. λαγχάνων f. λαρχάνων.

S. 544. Z. 9 v. o. streiche ν.

Nachträglich bin ich durch Herrn Rektor O. Keller in Oehringen
aufmerksam gemacht worden auf eine Reihe schätzenswerther Aufsätze
von ihm im Ausland Jahrg. 1858—1862, welche für §. 3. 15. 16. 43 des
Buches manche Ausbeute gewähren, so zum Olivenbaum 1858. Nr. 36, zu
dem Mandelbaum 1859. Nr. 48, zur Safranproduktion, Färberei 1859,
Nr. 20, zur Viehzucht 1859. Nr. 15, zur Schafzucht, Wollproduktion, Sei-
denzucht etc. 1859. Nr. 45, zu der Maulthierzucht 1859. Nr. 23, zur Ver-
breitung des Löwen 1859. Nr. 21, zum Bär 1859. Nr. 28, zum Auer-
ochsen Nr. 31, zum Seehund 1860. Nr. 1, zu den Hunderassen in dessen
Geschichte der griechischen Fabel, zur Gans, Ausland 1861, zur Nachti-
gall 1820. Nr. 20.

www.ingramcontent.com/pod-product-compliance
Lightning Source LLC
Chambersburg PA
CBHW030628270326
41927CB00007B/1350